2판
젊은 나에게

2판 **젊은 나에게**

1판 1쇄 발행 2024년 1월 12일
2판 1쇄 발행 2025년 8월 25일

지 은 이 | 김의수
펴 낸 이 | 김진수
펴 낸 곳 | 한국문화사
등   록 | 제1994-9호
주   소 | 서울시 성동구 아차산로49, 404호(성수동1가, 서울숲코오롱디지털타워3차)
전   화 | 02-464-7708
팩   스 | 02-499-0846
이 메 일 | hkm7708@daum.net
홈페이지 | http://hph.co.kr

ISBN 979-11-6919-346-7 93810

· 이 책의 내용은 저작권법에 따라 보호받고 있습니다.
· 잘못된 책은 구매처에서 바꾸어 드립니다.
· 책값은 뒤표지에 있습니다.

오류를 발견하셨다면 이메일이나 홈페이지를 통해 제보해주세요.
소중한 의견을 모아 더 좋은 책을 만들겠습니다.

2판
젊은 나에게

2판 머리말

이 책은 대학의 학부생들과 대학원생들에게 들려주고 싶은 나의 이야기입니다. 그것은 물고기를 건네주는 게 아니라 물고기 잡는 법을 가르쳐주는 거죠. 학생들을 볼 때마다 나는 그들에게서 젊은 나를 발견하곤 합니다. 그래서 이 책의 제목은 '젊은 나에게' 입니다. 내가 겪으며 깨달은 이야기들을 통해 학생들이 힌트를 얻으면 좋겠습니다.

이 책은 5가지의 이야기 묶음으로 되어 있습니다.
'인생', '공부', '연구', '교육', '학문'이 그것이죠.

첫 번째 묶음인 '인생'의 이야기들은 다음과 같습니다.
- 〈자각과 여유〉 삶의 단계마다 자신에 대한 인식부터 새로워져야 한다.
- 〈진로의 발견〉 내가 가야 할 길은 내가 가장 가고 싶은 길이다.
- 〈진로와 대학〉 대학은 진로를 위해 고민할 수 있는 최적의 장소다.
- 〈최선과 망각〉 최선을 다하기 위해서는 망각이 필요하다.

- 〈믿음과 선택〉 삶은 믿음 위에 서 있고 믿음은 선택을 요구한다.
- 〈교만과 겸손〉 겸손한 사람은 자신을 겸손하다고 생각하지 않는다.
- 〈예술과 진실〉 예술은 삶의 진실을 맛볼 수 있는 멋진 무대다.

두 번째 묶음인 '공부'의 이야기들은 다음과 같습니다.
- 〈공부의 기쁨〉 모르는 것을 아는 것으로 하나씩 바꾸어 가는 것이 공부다.
- 〈진정한 독서〉 진정한 책은 책장이 아니라 마음속에 정리되어 있는 것이다.
- 〈공부의 방법〉 공부를 잘하기 위해서는 예습과 실수 줄이기가 중요하다.
- 〈천재와 노력〉 노력하는 사람은 천재를 이길 수 있다.
- 〈포기와 인내〉 공부는 끝까지 해야 하는 것이다.
- 〈반복과 학습〉 공부는 반복해서 해야 하는 것이다.
- 〈천재의 사유〉 문제는 오래 생각하며 풀어야 한다.

세 번째 묶음인 '연구'의 이야기들은 다음과 같습니다.
- 〈금지된 질문〉 대답하는 것보다 질문하는 게 더 중요하다.
- 〈연구와 화두〉 큰 질문은 작은 여러 질문들에 답할 수 있게 해 준다.
- 〈관찰과 해석〉 관계없어 보이는 것들로부터 연관성을 찾는 게 연구의 묘미다.
- 〈언어와 사고〉 말과 생각에 함부로 한계 짓지 말아야 한다.
- 〈이론과 권위〉 기존의 학자와 이론의 권위에 기죽지 말아야 한다.
- 〈기획과 시간〉 장기적인 안목을 가지고 연구해야 한다.
- 〈연구의 희열〉 연구가 주는 희열은 어떤 휴가보다 달콤하다.

네 번째 묶음인 '교육'의 이야기들은 다음과 같습니다.
- 〈기대와 현실〉 부모의 기대가 아이의 현실을 섣불리 재단해서는 안 된다.
- 〈교육과 계발〉 교육은 학생 스스로가 자신의 능력을 이끌어 내게 하는 것이다.
- 〈개론과 괴론〉 교재도 강의도 이해하기 쉬워야 한다.
- 〈강의와 학습〉 예습과 조별 토의, 일대일 질의응답이 멋진 수업의 노하우다.
- 〈대학의 수업〉 대학은 내가 누구며 어떻게 살 것인지 고민하는 곳이다.
- 〈교사의 역할〉 학생은 교사 도움 없이 홀로 설 수 있어야 한다.

- 〈정면의 승부〉 어려운 수업일수록 정면승부가 필요하다.

다섯 번째 묶음인 '학문'의 이야기들은 다음과 같습니다.
- 〈학문의 장벽〉 최초의 길을 걸으려면 반드시 설움을 극복해야 한다.
- 〈대상과 관점〉 같은 현실도 이론에 따라 매우 다르게 그려진다.
- 〈스승과 제자〉 학문은 스승과 제자가 함께 만들어 가는 길이다.
- 〈전략과 상식〉 허를 찌르는 전략은 건전한 상식에서 나온다.
- 〈부정과 발전〉 자기 부정을 통해서 학문은 발전한다.
- 〈일과 학문〉 세상을 바꾸는 지름길은 나의 생각을 바꾸는 것이다.
- 〈학문과 육아〉 학문을 하는 이유와 아이를 기르는 이유는 같다.

5가지로 묶인 35개의 이야기들이 이 책을 읽는 모든 이들에게 의미 있는 하나의 눈짓이 되길 바랍니다. 값진 깨달음을 강의실에서 학생들과 함께 나눌 수 있게 해 주시는 하나님께 깊이 감사드립니다.

이문동 연구실에서
글쓴이

차례

2판 머리말 04

I 인생

자각과 여유	13
진로의 발견	17
진로와 대학	23
최선과 망각	31
믿음과 선택	37
교만과 겸손	41
예술과 진실	45

II 공부

공부의 기쁨	51
진정한 독서	57
공부의 방법	61
천재와 노력	65
포기와 인내	69
반복과 학습	73
천재의 사유	77

III 연구

- 금지된 질문   83
- 연구와 화두   87
- 관찰과 해석   93
- 언어와 사고   97
- 이론과 권위   101
- 기획과 시간   105
- 연구의 희열   109

IV 교육

- 기대와 현실   117
- 교육과 계발   121
- 개론과 괴론   125
- 강의와 학습   129
- 대학의 수업   133
- 교사의 역할   139
- 정면의 승부   143

V 학문

- 학문의 장벽   149
- 대상과 관점   153
- 스승과 제자   159
- 전략과 상식   163
- 부정과 발전   169
- 일과 학문   173
- 학문과 육아   177

맺음말 180

I

인생

자각과 여유
진로의 발견
진로와 대학
최선과 망각
믿음과 선택
교만과 겸손
예술과 진실

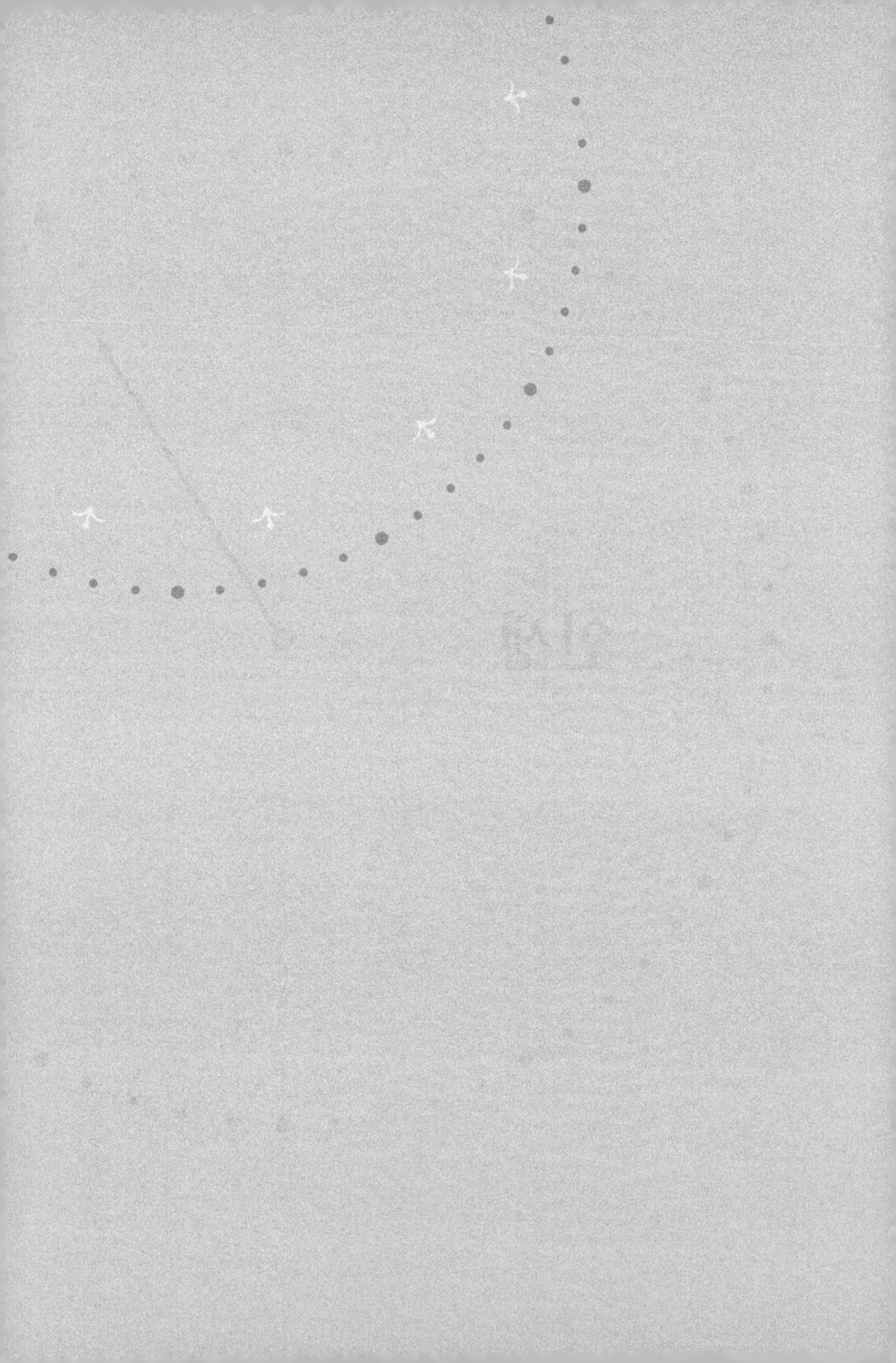

자각과 여유

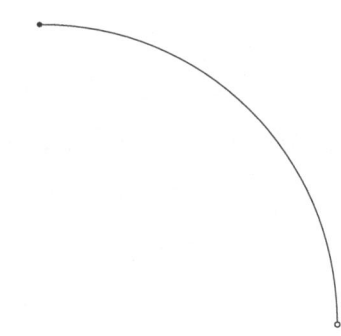

 졸업과 입학의 계절이다. 정든 교정을 떠나는 졸업생들과, 낯선 터전을 기웃거리는 신입생들로 인해 교정은 인산인해를 이룬다. 끝과 시작이 교차하는 시간. 언제나 해마다 이맘때쯤이면 어김없이 치러지는 졸업식과 입학식. '입학이 엊그제 같은데 벌써 이렇게 졸업이라니!' 하는 탄식이 꽃다발과 함께 교정에 흩날리는 계절이다.
 흔히들 헤어짐은 또 다른 만남의 시작이라고 한다. 정녕 맞는 말이다. 신입생이 학교에 들어오는 사람들이라면 졸업생은 사회에 진입하는 사람들이다. 비록 배우는 내용이나 대하는 사람들의 직함이 다를지라도 거기에는 늘 배워야 할 것이 있고 대해야 할 사람들이 있다. 그렇다면 무엇을 어떻게 배우고 누구를 어떻게 대해야 할까?

내가 꾸었던 악몽 가운데 하나는 내가 다시 중학교나 특히 고등학교의 학생으로 되돌아가 있는 꿈이다. 정신을 차려 보면 내 앞에 수험서가 놓여 있는 책상이 있고 옆에는 까까머리 학생들이 공부에 골몰하고 있거나 눈치를 보며 잡담을 하고 있다. 일그러진 얼굴로 교탁을 바라보면 엄격한 자세로 서 있는 선생님이 보인다. 이게 꿈인가 생시인가! 더욱 끔찍한 것은 체육시간이 들었는데 체육복을 가지고 오질 않아 옆방에 가서 알지도 못하는 학생에게 체육복을 빌려와 땀이 가득 배어 있는 그것을 맨살 위에 입고 호루라기 소리에 놀라 운동장으로 뛰어나가는 것이다. 이쯤 되면 정말 몸이 근질거린다.

이런 꿈은 박사학위를 받고 나서 시간강사로 지낼 때에도 계속되었다. 그러다가 런던에 유학 가 있을 때 갑자기 놀라운 일이 일어났다. 그날도 꿈속에서 내가 고등학교에 있다는 사실을 깨닫는 순간 '아 드디어 올 것이 또 왔구나!' 하는 절망감이 들었다. 그런데 자세히 보니 거기는 교실이 아니라 교무실이었다. 내가 드디어 학생이 아니라 교사가 되어 있었던 것이다. 그 이후로 다시는 고등학생으로 되돌아가는 꿈을 꾸지 않게 되었다.

과연 그 꿈이 의미하는 바는 무얼까? 놀랍고 통쾌하기까지 한 그 꿈을 꾸고 난 이튿날에 잠시 생각에 잠겼다. 그리고는 곧 어떤 결론에 이르렀다. 그리고 활짝 미소를 머금게 되었다. '그래, 이젠 나 스스로도 내가 더 이상 학생이 아니라 한 사람의 독립된 선생님으로서 설 수 있다고 느낀 거야!' 하루 25시간을 산다고 느낄 만큼 정신없이 살다가 잠시 인생에서 짬을 내어 여유를 가지고 나 자신을 되돌아보면서 내적인 성숙을 경험했던 것이다. 배우기만 하다가 드디어 남을 가르치는 자리에 올랐으면서도 정작 본인 스스로는 그러한 자신을 인정하지 못했던 것이다.

그러한 유학 시절을 마치고 다시 삶의 터전으로 돌아왔을 때 나는 분명히 달라져 있었다.

졸업생들에게 하고 싶은 말이 있다. 이제 새로이 맞게 되는 사회생활에 본격적으로 임하기에 앞서 먼저 자신을 되돌아볼 것을 권하고 싶다. 새로운 직장에서 어떻게 일을 배우고 어떻게 사람들을 대할 것인가를 고민하기에 앞서 자기 자신에 대한 인식과 마음가짐을 먼저 새롭게 하길 바란다. 예로부터 수신제가치국평천하(修身齊家治國平天下)라는 말이 있지 않은가! 나 자신의 달라진 위상을 먼저 이해하고 그에 걸맞은 마음가짐을 가진다면 다른 이들을 대하는 태도나 일에 대한 처리가 좀 더 수월해질 것이다.

신입생들에게도 이렇게 말해 주고 싶다. 이젠 더 이상 고등학교 학생이 아니라 대학생이 되었으니 그에 걸맞게 자신을 바라볼 줄 알아야 한다고. 대학은 준사회(準社會)라고도 불린다. 그것은 대학이 순수하게 학문에만 전념하는 곳이 아니라 장차 사회에 나갈 사람들의 준비처가 되기도 하기 때문일 것이다. 엄마, 아빠에게 이렇게 할까 저렇게 할까 묻는 단계에서 벗어나 어머니, 아버지께 이렇게 해드릴까 저렇게 해드릴까를 여쭙는 단계로 나아가야 한다.

졸업생이나 신입생이나 모두 정든 곳을 떠나 낯선 곳에 발을 딛기는 마찬가지다. 달라진 일이나 환경 속에 매몰되기 이전에 먼저 나 자신이 삶의 또 다른 단계에 접어들었음을 분명히 깨닫고 변화된 자신에 대한 올바른 이해와 태도를 가지길 권한다. 삶의 매 단계에 서서 흔들리지 않고 가고자 하는 길을 온전히 걸어가기를 바라며.

💬 생각해 보기 💬

- 글쓴이는 자기 자신에 대한 인식의 변화가 일어났다는 걸 어떻게 알게 되었으며, 그전에는 불가능했던 그러한 인식의 변화가 무슨 이유로 가능해진 것으로 보고 있는가?

- 당신은 현재 자신의 모습과 처지에 대해 잘 파악하고 있으며, 그에 맞게 자신을 제대로 대하고 있는가? 만일 그렇지 않다면, 그 이유는 무엇인가?

진로의 발견

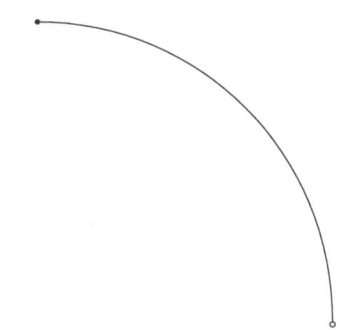

　삶의 계단을 오르는 일은 여전히 현재 진행형이다. 기억이 가물거리는 아주 오래 전, 아주 어렸을 적부터 지금 이 글을 쓰고 있는 순간에까지 나의 삶은 그 무엇인가로 채워져 가고 있다. 그런 삶을 관통해 온 것 가운데 아마도 가장 진한 것은, 내 삶의 한 순간도 그냥 헛되이 보내고 싶지 않은 마음, 아니 다만 헛되이 보내고 싶지 않다는 정도가 아니라 그 모든 순간들을 온몸으로 들이켜고 싶은 강렬한 욕구였을 것이다.

　기억해 보면, 학부 시절 나는 그냥 걸어 다닌 적이 없었던 것 같다. 뛰어다녔다. 평지에서도, 계단에서도 마구 뛰어다녔다. 그래도 숨이 차지 않았다. 아니, 지금보다 숨이 훨씬 덜 찼다. 내가 가고 싶은 곳까지 얼른 다다르고 싶다는 생각에, 다리에 쥐가 나도록 열심히 발목을 놀렸다.

유년 시절 나는 화가가 되고 싶었다. 초등학교 시절, 공부에는 별 취미가 없었지만, 유독 붓글씨 쓰고 그림 그리는 것이 좋았다. 겨울방학 숙제로 선생님이 내어 준 그림을 그리려고, 한겨울 앙상한 가지만 드리운 우물 옆 감나무 앞에 쪼그리고 앉아 열심히 스케치를 하고 차가운 물감을 종이 위에 뚝뚝 채색했던 기억이 난다. 중학교 때까지 미술대회에 학교 대표로 나가게 되었지만 그리면 그릴수록 그림은 나에게서 멀어져만 갔다. 그림 속에서 나의 길이 보이지 않았다. 당장은 좋지만 그림과 평생을 함께할 자신이 없었다.

과학자도 되고 싶었다. 중학 시절, 시골집의 다 쓰러져 가는 건물의 한 쪽에 과학실을 차려 놓고 전기도 끌어다 놓고 염산 같은 위험한 액체도 구해다 놓고 말도 안 되는 실험을 한다고 아버지께 여러 번 혼났다. 어느 일요일 아침에 동생과 함께 무슨 실험을 하다가 전기에 감전되어 거의 하루 종일 우울한 기분으로 방바닥 신세를 졌던 기억이 난다. 그래도 마냥 좋았다. 물상이나 생물 시간에 만났던 신기한 현상과 그 속에 숨어 있던 원리들은 밤하늘의 별처럼 반짝거렸다. 그런데 한 가지 사건이 생겼다. 당시 과학을 담당하시던 어떤 선생님이 내게 인격적인 모독을 가하셨고, 그 바람에 그만 과학 과목에 대한 관심마저 내게서 멀어지게 되었던 것이다. 한 아이의 삶에 한 선생님의 그림자가 무척이나 어둡고 짙게 드리웠었다. 자연히 과학자의 꿈도 접어 두게 되었다.

중학교 때부터 내 관심사에 들었던 것 가운데 마지막 하나는 국어였다. 국어라는 상자 속에는 문법이라는 과자와 문학이라는 사탕이 들어 있었다. 지금도 나는 중학교 1학년 1학기 국어 수업을 잊을 수가 없다. 인생의 연륜이 묻어나는 심각한 표정을 하신 늙으신 국어 선생님이 칠판에 쓰신 첫 문장은 이러했다. "文學(문학)이란 무엇인가?" '시, 소설, 수필, 희곡, 평론'이 문학의 5대 장르라는, 문학에 대한 외연적인 정의로부터 시작된 그 시간은 나로 하여금 김소월(金素月, 1902~1934)뿐만 아니라 주시경(周時經, 1876~1914)을 좋아하게 만들었다. 젊은 나이로 세상을 떴지만 국어 문법 연구에서 탁월한 성과를 내고 많은 제자를 길러내었던 선생의 모습에 나의 미래를 투영해 보기도 하였다. 그리고 그로부터 최현배(崔鉉培, 1894~1970)와 이희승(李熙昇, 1896~1989)을 알게 되었다. 이희승 선생의 『국어대사전』을 끼고 살았고, 최현배 선생의 『우리말본』을 질투하면서 그 책을 능가하는 문법서를 써 보는 게 내 삶의 가장 기쁜 일일 것만 같았다.

고3 시절은 내게도 무척이나 고달픈 시간이었다. 도무지 감옥 같은 교실에서 짐승 같이 공부하고 싶지가 않았다. 정말 몇 번이고 죽고 싶었다. 그러나 그때마다 나를 붙든 것은 마음 깊은 곳에서 피어오르는 국어 문법 연구에 대한 갈망이었다.

대학에 들어 온 후로 내가 정말 무엇을 하며 인생을 살아야 하는가를 고민한 적이 적지 않았다. 심지어 대학원에서 공부를 하면서도 그러한 고민은 계속 되었다. 그러다가 어느 날 문득 깨달았다. 내가 정말 좋아하는 것은 바로 내가 지금 하고 있는 국어 문법 연구라고 하는 걸. 암울했던 고3 시절 여린 마음에 세상을 하직하고 싶었던 그 순간마저 질기게 나의 삶을 견인했던 바로 그것. 그 후로 지금까지 난 적어도 내가 무엇을 하며 살아야 하는지에 대한 고민은 더 이상 하지 않게 되었다. 다만, 어떻게 하면 내가 하고 싶은 것을 더 잘, 그리고 더 멋지게 할 수 있을까 고민하고 있을 뿐이다.

무엇을 할 것인가, 즉 진로를 놓고 고민하는 이들에게 해 주고 싶은 말이 있다. 정말 자신이 가장 좋아하는 일이 무엇인가를 스스로에게 물어 보라고. 남이 어떤 일을 하든, 남이 나에게 어떤 일을 하라고 하든, 정말 중요한 것은 나 자신이 무엇을 하고 싶어 하는지를 온전히 깨닫는 일이다. 나는 둔한 편이어서 그런지, 평소 그렇게 좋아하면서도 내가 가장 좋아하는 것이 무엇인지를 모르고 있다가, 삶의 극단에서 비로소 그것을 깨달은 것이다.

퍽 불편한 질문이다. '내가 정말 좋아하는 일은 무얼까?' 그러나 우리는 그것에 대답해야 한다. 그리고 답할 수 있다. 내면의 목소리에 귀를 기울여 보라. 사랑하고 아끼고 존중하는 마음으로 마음의 소리에 귀를 기울여 보라. 그러면 양지로 난 어느 작고 호젓한 길이 보일 것이다. 내가 기꺼이 가야 할 길이다. 내가 가야 할 길은 내가 가장 가고 싶은 길이다.

💬 **생각해 보기** 💬

- 글쓴이가 살아오면서 가져 왔던 꿈들은 무엇이고, 자신이 정말 원하는 꿈이 무엇이라는 걸 어떠한 근거로 깨닫게 되었는가?

- 당신이 이제까지 희망해 오던 꿈들은 무엇이고, 자신이 정말 원하는 꿈을 현재 발견한 상태인가? 발견했다면, 그 계기는 무엇이었는가? 아직 발견하지 못했다면, 본인이 가장 힘들 때조차 문득문득 생각났던 꿈은 무엇이었나?

진로와 대학

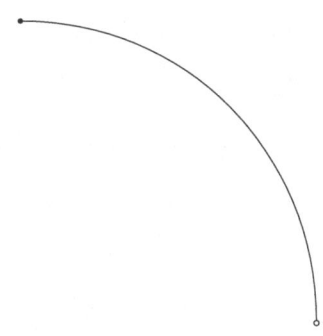

매 학기 학생들과 만나 진로(進路)에 관한 고민을 나눈다. 아직 수많은 가능성을 가진 그들을 보면서 부러움과 불안함을 동시에 느낀다.

진로

이 단어를 인생(人生)이라는 단어와 따로 떼어 생각할 수는 없을 것이다. 그리고 인생이라는 단어와 마주칠 때마다 옛날에 어떤 선배가 했던 말이 떠오른다. "백 년도 못 사는 것들이 세상 고민은 제가 다 짊어진 것처럼 굴기는!" 너무나 냉소적이다 못해 경박하게까지 들렸다. 그러나 나이가 점점 들어가면서 정말 맞는 이야기라는 생각이 들게 되었다. 80을 산다면, 대학에 갓 입학한 사람은 이미 인생의 4분의 1을 살아 버린 셈이다.

그렇다면, 백 년도 못 사는 우리네 인생에서 진로를 생각하는 우리의 올바른 자세는 무엇일까? 그것은 '인생을 즐기며 살자!'가 아닐까 한다. 짧은 인생에서 즐기며 살아야 한다는 것은, 희망을 넘어 당위로까지 느껴진다.

그렇다면 '즐기는 인생'이란?

그것은 내가 하고 싶은 것을 하며 사는 것을 의미할 것이다. 그리고 이때 두 가지 질문이 떠오른다. 첫째, '내가 하고 싶은 것은 무엇이지?' 둘째, '내가 하고 싶은 것만 하며 살 수 있나?'

첫 번째 질문에서 주의해야 할 것은, '내가 하고 싶은 것'과 '내가 잘할 수 있는 것'은 다르다는 점이다. 잘할 수 있는 일이라고 해서 그것이 나에게 꼭 행복을 가져다주는 것은 아니다. 또한, 내가 하고 싶은 일이라고 해서 그것을 처음부터 잘할 수 있는 것은 아니다. 그러나 하고 싶은 일을 꾸준히 하다 보면 결국엔 잘할 수 있게도 된다.

두 번째 질문에 대해서 말하자면, 100% 내가 하고 싶은 것만 하며 살 수는 없을 것이다. 그러나 가급적 내 인생을 내가 하고 싶은 일로 가득 채워야 할 것이다.

그렇다면, 그 방법은?

그것은 '내가 하고 싶은 일'을 '나의 직업'으로 만드는 것일 게다. 매일 직장에 나가는 것이 내게 가장 행복한 일이 되는 것이다.

그렇다면 내게 가장 어울리는 직업은?

직업에 대한 태도에는 두 가지가 있는데, 하나는 직업에 대한 '평면적인 관점'이고, 다른 하나는 '입체적인 관점'이다. 먼저 평면적인 관점이란, 내가 좋아하는 일이 당장의 직업이 되어야 한다는 것이고, 입체적인 관점이란, 내가 지금 가지고 있는 직업은 궁극적으로 내가 택하게 될 미래의 직업을 위한 준비 단계라고 생각하는 것이다.

평면적인 관점은 매우 단순하고 이상적이며 누구나 바라는 상황을 꿈꾸는 것이다. 반면에, 입체적인 관점은 복잡하고 현실적이며 누구나 겪기 쉬운 현실을 직시한 것으로 보인다. 그러나 직업에 대한 두 가지 관점 모두가 전제로 삼고 있는 것은, 나의 직업은 궁극적으로 내가 하고 싶은 일이어야 한다는 점이다.

왜?
즐기는 인생이 되어야 하므로!

그렇다면, 인생에서 내가 평생을 하고 싶은 것은 무엇인가? 여기에 대해 다시 두 가지 상황을 가정해 볼 수 있다. 이미 알고 있는 경우와 아직도 모르고 있는 경우.

이미 알고 있다고 생각하는 경우, 그것이 정말 확실한가를 되물어야 한다. 혹시 내가 그렇다고 착각하거나 진실을 알면서도 나를 속이고 있을지 모른다.

아직도 모르고 있다고 생각하는 경우에서도, 정말 확실히 그러한가를 되물어야 한다. 증거가 널려 있는데 나만 모르고 있거나 진실을 알면서도 나를 속이고 있을지 모르기 때문이다.

어느 경우든, 내가 하고 싶은 일을 알기 위해서는 나의 내면을 깊숙이 들여다보아야 한다. 그러기 위해서는 '나와의 대면'이 필요하다.

나와의 대면은 현대인이 가장 기피하는 것 중 하나다.

나는 나와 만나고 싶지 않다. 내가 나를 피한다.

나와 나 사이의 거리가 점점 더 멀어진다.

자기 분열.

나도 나를 피하는데 그런 나를 누가 만나 주리라 바라는 것인가?

나는 나를 사랑하는가?

그렇다!

그런데 왜 나를 만나고 싶지 않은가?

사실은 매일 마주하고 있다. 대화가 좀 없을 뿐이지.

대화가 없다는 것은 관심이 없다는 것이다.

관심이 없다는 것은 사랑하고 있지 않다는 것이다.

누군가를 사랑하면, 끊임없이 관심이 생기고, 만나서 이야기 나누고 싶어지게 된다.

따라서 나에게 관심이 없고 나와 대면하여 이야기 나누고 싶지 않다면, 나는 나를 사랑하는 것이 아니다.

『탈무드』에서는 자기 자신을 사랑하지 않는 사람과 사업을 같이 하지 말라고 가르친다. 자기 자신도 사랑하지 않으면서 남을 사랑할 리가 없다. 따라서 그러한 사람은 언제나 남을 배신하고 달아날 수 있다.

나는 나를 정말 사랑하는가?

…….

그렇다면 질문을 바꾸어서, 나는 나를 정말 사랑하고 싶은가?

그렇다!

나를 사랑하는 방법은?

나에게 우선 관심을 가지는 것.

그래서 나의 말을 내가 들어주는 것.

그렇다면 내면의 목소리를 듣는 방법에는 어떤 것이 있을까? 여기에는 '직접 듣는 방법'과 '간접적으로 듣는 방법'이 있다. 직접 듣는 방법 가운데 하나는 일기를 쓰면서 나의 독백을 듣는 것이다. 간접적으로 듣는 방법이란, 남의 이야기에 비추어 나의 심경을 읽는 것으로, 남의 이야기에는 내 주변의 인물들(친구, 가족 등)로부터 듣는 것들과, 더 나아가 매체, 즉 책이나 영화 등을 통해서 듣는 것들이 있다.

책, 영화, 연극 등과 같은 매체는 타인의 인생 이야기를 담은 도구이다.

이런 말이 있다.

"사람은 책을 읽고, 책은 사람을 읽는다."

남의 말을 직접 듣거나 책을 통해 간접적으로 들을 때에도 나의 마음이 공명하는 부분이 생긴다. 타인의 말이 내 마음을 울린다. 나의 마음이 꿈틀거리는 그때, 나는 내 마음이 무엇을 원하고 무엇을 원하지 않는지를 짐작할 수 있다.

나는 이미 나이지만 나를 잘 모른다.

인식의 주체로서의 나. 그리고 행동의 주체로서의 나.

이 둘의 거리가 멀면 멀수록 나는 나의 행동을 도무지 이해할 수가 없게 된다.

두 개의 나가 완벽하게 조화를 이룰 때 나는 내가 생각하는 대로 행동할 수 있게 된다.

그렇게 되면 내가 원하는 삶을 살 수 있게 된다.

인생은 나를 찾아 떠나는 여행이다. 인생은 내가 누구인지를 알아 가는 과정이다.

나는 나를 알기 위해 끊임없이 타인의 말을 들어야 한다. 타인의 말들은 내 삶의 힌트다.

내가 원하는 인생을 살기 위해서 나는 내가 무엇을 원하는지를 알아야 한다.

내가 나를 알기 위해서는 나의 내면의 목소리를 들어야 한다.

대학 4년의 과정은 나의 내면의 목소리를 들을 수 있는 최고의 기회이다. 그것이 대학이 가진 가장 중요한 의미이다.

  나와 나 사이의 벽이 투명해지고 내가 원하는 걸 어느 때나 잘 알게 될 수만 있다면, 진로 선택 과정은 내가 진정 나일 수 있는 길을 찾는 것이다. 백 년도 못 사는 짧은 인생에서 진정 나로 한 번 제대로 살아 보아야 하지 않을까?

💬 생각해 보기 💬

- 글쓴이는 인생을 무엇이라 정의하며, 대학 4년은 무엇을 위한 최고의 기회라고 보는가?

- 당신이 내면의 목소리를 듣기 위해 사용했던 방법 중 최고의 것은 무엇이며, 읽었던 책이나 보았던 영화 중 가장 마음을 움직인 것은 무엇인가?

최선과 망각

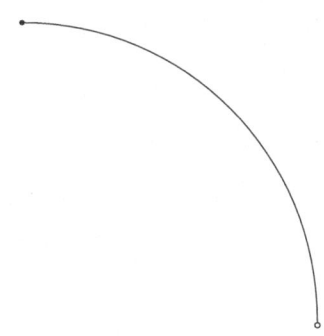

    망각은 우리가 살아가는 데 매우 중요한 요소이다. 지나간 일에 대한 망각이 없다면, 그래서 그 모든 기억들이 생생하게 떠오른다면, 즐거운 순간들이야 다행이겠지만, 고통스러운 순간들은 우리로 하여금 계속 그러한 고통 속에서 머물며 끊임없이 몸부림치도록 만들 것이다. 너무도 생생한 과거의 기억들로 인해 고통스러운 삶을 살아가고 있는 어떤 여인에 대한 다큐멘터리는 망각의 소중함을 다시금 깊이 일깨워 준다.
    그런데 최선을 다하기 위해서도 망각이 필요하다. 당장은 다소 의아하게 여겨지겠지만 조금만 깊이 생각해 보면 그 이유를 알 수 있다.
    우리는 무수한 시험을 보면서 산다. 초등학교에서부터 중학교, 고등학교, 그리고 대학교에 이르기까지 이름도 다양한 여러 시험들을 본다. 입학을 위해서, 장학금을 타기 위해서, 취직을 위해서, 승진을 위해서 시험에 통과하는 것, 시험에서 좋은 성적을 얻는 건 필수다. 매번 치르는 시험이지만 시험 하나하나마다 고통스러운 건 말할 필요조차 없다. 그렇게 고통스러운 시험을 꼭 봐야 하고 게다가 좋은 성적까지 거두어야 한다니 어쩌면 잔인한 것 같기도 하다. 상대평가든 절대평가든 본질적인 차이는 없다. 순위가 상대적으로 결정되는 것보다 절대적 수치에 의해 평가되는 것이 더 가혹할 수도 있다. 시험지를 통해서 보는 것만이 시험은 아니다. 어떻게 보면, 삶의 매 순간이 시험의 연속인 듯하다.

시험에서 최선을 다하여 좋은 성과를 거두기 위해서는 여러 가지가 필요하겠지만, 나는 그 가운데 망각을 이야기하고자 한다. 시험과 망각이라. 어쩌면 모순적인 관계인 것 같기도 한 이 두 개의 단어가 함께 어울릴 수 있다고 하니 언뜻 이해가 잘 가지 않을 것이다.

지난 시험에서 좋지 않은 성적을 거둔 사람이 이번 시험에서 좋은 성적을 얻기란 쉽지가 않을 것이다. 무엇보다도, 좋지 못한 지난 시험 결과가 머릿속에서 뱅뱅 돌며 '이번에 열심히 한다고 해서 뭐가 그리 나아질 것인가.'라는 회의감을 불러일으키기 쉽다. 누가 뭐라고 하지 않았는데도 스스로 비관에 빠지는 것이다. 지난 시험 결과는 철저히 잊어야 한다. 망각은 저절로 이루어지기도 하지만 의도적으로 일으킬 수도 있다. 지난 시험에서 매우 좋은 성적을 거둔 사람의 경우에도 다르지 않다. '지난번에 잘되었으니 이번에도 좋은 결과가 있겠지.'라고 막연히 기대한다면 그로 인해 참담한 결과가 생길 수 있다. 계속 1등을 지키기란 매우 어려운 법이다. 이번에도 1등을 하고 싶으면, 지난번에 내가 1등을 했다는 사실을 철저히 잊어야 한다. 그래야지만 밑바닥부터 다시 차근차근 준비를 할 수 있다. 연이어 1등을 했다는 기억들로 인해 방심에 빠지기 쉽다. 좋은 기억이든 나쁜 기억이든 다가올 시험 앞에서는 철저히 잊어야 한다.

올림픽에서 메달을 두고 선의의 경쟁을 펼치는 국가대표 선수들에게는 단 하나의 실수도 용납되지 않는다. 상대 선수보다 더 나은 기량을 보여 주는 것도 관건이 되겠지만, 평소 연습 때 갈고 닦은 실력을 실수 없이 발휘하는 게 가장 기본적이고도 가장 중요하다는 것에 이의를 달 사람은 없을 것이다. 그리고 비록 경기 중에 실수를 했다고 하더라도 그 한 번의 실수를 잊지 않고 마음에 담아 두고 있으면 그것은 두 번, 세 번의 실수로 이어지게 되는 사례를 쉽게 목도하게 된다. 매 순간 지나간 과거의 기억들을 잊고 지금 당장 내가 해야 할 일에 몰두해야 한다.

최선을 다하기 위해 망각이 필요하다고 하는 까닭은, 지금 이 순간에 온전히 몰입하기 위해서다. 지난 기억을 떠올리고 있는 그 순간, 나의 시선은 이미 현재에 놓여 있지 않다. 현재에 몰두하기 위해서는 과감히 그 이외의 모든 것들에서 마음을 거두어야 한다.

지나간 순간의 좋았거나 나빴던 기억은 현재의 일에 집중하는 데 방해가 될 뿐이다.

수많은 업적을 쌓고도 또 다른 일을 시도하고 있는 사람들을 볼 수 있다. "저 사람은 우리와는 차원이 다른 사람이야." "세상은 불공평한 것 같아." 이런 말들을 하면서 우리는 자신을 위로하지만, 사실은 올바른 원인 규명이라고 볼 순 없다. 여러 가지 일을 성공적으로 수행하는 사람의 눈에는 오로지 지금 하고 있는 일만 보일 것이다. 자신이 그 전에 무슨 업적을 세웠는가 하는 것은 중요하지도 않고 더 이상 흥미롭지도 않다. 그것은 과거의 내가 해 냈던 일이며, 과거의 나와 현재의 나는 엄연히 다른 나이기 때문이다. 닥쳐 있는 일의 성격도 다르고, 그 일에 임하는 나의 능력과 여건도 다르다. 모든 일에 동일한 수준의 능력을 가지는 것도 불가능하고, 매번 동일한 여건에서 일을 할 수도 없다. 매 순간 나는 처음 그 일에 맞닥뜨려지게 되는 것이고, 따라서 긴장할 수밖에 없으며, 오로지 현실에 충실할 수밖에 없다.

이제, 최선을 다하기 위해 왜 망각이 필요한지 분명해졌다. 최선을 다하기 위해 반드시 뛰어넘어야 할 산은, 바로 내가 쌓아온 과거들이고 그 한가운데 서 있는 나 자신들이기 때문이다.

🍎 **생각해 보기** 🍎

• 글쓴이는 최선을 다하기 위해 망각이 필요한 이유를 무엇이라고 하였으며, 과거의 찬란했던 나와 초라했던 나를 모두 잊어야 하는 이유가 무엇이라고 보는가?

• 당신이 현재에 집중하기 위해 반드시 뛰어넘어야 하는 과거의 당신은 무엇인가?

믿음과 선택

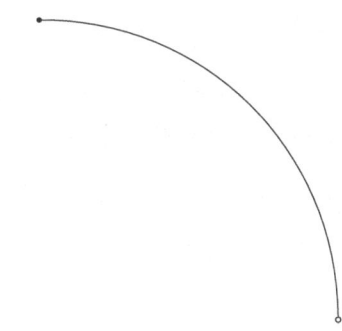

흔히 믿음을 신앙과 연관시킨다. 믿음은 신앙이라는 특별한 영역에서 요구되는 마음가짐이라는 생각이다. 믿음은 증명하지 못하거나 증명하기 힘든 것을 있는 그대로 받아들임이다. 만일 증명되었거나 쉽게 증명될 수 있는 것이라면 그것은 믿음의 대상이 아니라 앎의 대상이라고 해야 할 것이다. 삶의 대부분은 지식의 영역에, 삶의 특정 부분인 신앙은 믿음의 영역에 놓인다고 생각하는 것이 일반적이다. 그런데 과연 그러한가 묻고 싶다.

삶의 지식 가운데 가장 기본적인 것은 아마도 나의 부모님이나 가족에 관한 것일 게다. 이분들이 나의 부모님이고 저 사람들이 나의 형제 혹은 자매라고 하는 것은 지식이라고 부르기에도 민망할 정도다. 그것들은 즉각적인 증명이 가능해 보인다. 당장 주민센터에 가서 가족관계증명서와 같은 서류를 떼면 거기에 나와 부모, 가족 관계가 명시되어 있다.

그런데 이렇게 기본적인 경우에서조차 문제가 그리 간단하지는 않다. 가족관계증명서가 과연 나와 가족 간의 관계를 확고히 증명해 주는 절대적인 근거가 될 수 있냐고 물을 수 있기 때문이다. 의도적으로 출생신고를 잘못하였거나 담당 공무원이 실수를 하였을 수도 있다. 뒤늦게 생물학적인 증거를 마련하기 위해 검사를 한다 해도 그 일련의 과정에서 한 치의 의혹도 없으리라 기대하기는 힘들다.

과연 완벽하게 증명할 수 있는 방법이, 그리고 그러한 방법에 의해 그 모든 것이 철저하게 증명될 수 있는 것일까? 괴델(Kurt Gödel, 1906~1978)은 수학에서조차 완전한 증명이 불가능함을 역설한 바 있다. 우리가 알고 있는 지식들이 사실상 온전히 증명된 적도 없고 앞으로도 철저히 증명될 수도 없다면 과연 그것들을 증명 가능한 지식이라 부를 수 있는가?

놀랍게도 여기서 우리는 그것들이 지식이 아닌 믿음의 영역에 놓여 있음을 깨닫게 된다. 우리는 우리의 부모님을 부모님이라고 믿고 사는 것이다. 나를 이루고 있는 정보나 내가 사는 사회를 구성하고 있는 정보들은 실은 증명된 지식이라기보다는 믿음의 산물인 것이다. 믿음은 신앙의 영역에 국한된 것이 아니라 삶의 전 영역에 편재(遍在)한다. 삶에서 안다는 것은 곧 믿는다는 것이 된다. 지식과 믿음을 더욱 정교하게 구별하고 삶에서 믿음을 특정한 영역으로만 몰아갈 때 개인은 냉정해만 지고 사회는 각박해져만 간다. 신뢰를 회복해야 한다는 외침은, 삶이 믿음 위에 서 있다는 절규에 지나지 않는다.

　중학생 시절의 어느 가을 저녁 홀로 공부하다가 문득 내 미래가 밝을 것인가 어두울 것인가 하는 고민이 뇌리를 스쳐갔다. 순간 잔뜩 긴장한 채 그 생각의 끝에 어떤 판단이 주어지게 될까 초조해하던 기억이 난다. 결론은, 내 미래가 절대적으로 밝다거나 절대적으로 어둡다거나 할 만한 근거는 없다는 것이었다. 그래서 그때 이렇게 생각했다. 내 미래는 밝을 것이라고. 나는 내 미래가 밝을 것이라고 믿는 것을 선택했다.

　믿음은 선택의 문제를 낳는다. 무엇을 어떻게 선택하느냐에 따라 미래가 바뀌고 삶이 달라진다. 나의 미래가 밝을 것이라는 믿음은 고단한 삶 속에서 내게 늘 단비와 같았다. 그 무엇도 내 미래가 밝을 것임을 증명해 주지는 못했지만 내 믿음으로 말미암아 나의 미래는 늘 밝았다. 밝은 미래는 어두운 현실을 이겨낼 수 있는 힘이 되었고 나는 한 발자국씩 그리로 나아갈 수 있었다.

　삶은 믿음 위에 서 있고, 믿음은 선택을 요구한다. 그리고 선택은 우리 자유다. 그러니 멋진 선택을 하지 않을 이유가 있을까?

🍃 **생각해 보기** 🍃

- 글쓴이는 믿음 위에 서 있는 것은 무엇이고, 믿음은 우리에게 무엇을 요구한다고 말하는가?

- 이제까지의 삶에서 당신이 선택한 믿음에 의해 삶이 바뀐 경험이 있는가? 있다면 무엇인가?

교만과 겸손

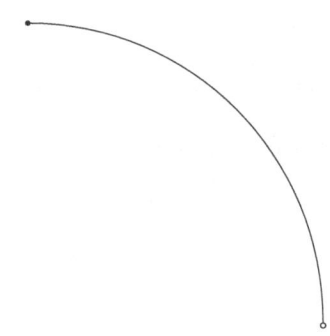

새삼스럽게 겸손에 관하여 이야기를 하고 싶다. 겸손해질 필요가 없다고, 아니, 오히려 겸손해지지 말아야 한다고 가르치는 시대에 다시 겸손에 관해 이야기하고 싶다. 활시위를 팽팽하게 당겨 나를 바깥으로 쏘아 창공을 가르고 날아야 하는 시대에, 수많은 군중 속에서 나 홀로 우뚝 서서 나의 존재감을 뚜렷하게 알려야 하는 시대에 겸손을 말하는 것은 오히려 시대착오적이라는 생각마저 들게 한다.

그러나 고전(古典)과 성인(聖人)들은 끊임없이 겸손해지라고 말한다. 그리고 그들의 충고에 귀를 기울이는 것 또한 겸손의 태도이리라. 겸손을 말하고자 하는 자리이니 우선 마음의 문을 열고 나의 이야기에 귀를 기울여 주길 바란다. 이야기는 과거로 거슬러 올라간다.

중학교 3학년 여름 방학 때 갑자기 들어섰던 교회당. 속죄를 위한 기도 시간에 나는 나 자신의 죄를 고백하는 데 무척이나 어려움을 느꼈다. 아니, 도대체 내가 얼마나 살았다고, 또 그런 짧은 생애 동안 무슨 죄를 그렇게 지었다고 내 죄를 주저리주저리 고백할 수 있단 말인가? 도무지 이해가 되지 않았다. 이해를 할 수 없었다. 다만, 머리를 쥐어짜서 어떻게든 나의 죄를 샅샅이 들추어내어 나도 남들처럼 죄인의 행렬에 버젓이 끼어 마음껏 속죄의 기도를 올리며 속 시원히 참회의 눈물을 흘리고 싶었다. 그러나 나는 명백히 무죄했고 따라서 속죄할 것도 없었다. 나는 이미 착한 아이였고 마음속으로도 결코 욕을 해 본 적이 없을 만큼 순수했다. 정말 그랬었다. 힘들 때마다, 특히 나 자신을 저주하고 싶을 때마다 그 시절을 떠올리며 다시 돌아가고 싶었다. 착하고 순수했던 그때로 말이다.

그것이 착각이라는 것을 한참 후에야 깨닫게 되었다. 나는 순수하지도 않았고 착하지도 않았다. 다만 남들이 나를 그렇게 봐 준 것뿐이다. 그리고 망각은 나에게 오직 깨끗한 과거만을 기억할 수 있도록 도와주었다. 가질 수 없으면 파괴하고 싶었고 잔인한 욕망이 들끓는 마음으로 짐승처럼 사방을 두리번거리던 내가, 자신의 정체를 까맣게 잊은 채 예배당에서 도무지 자신이 무죄할 수밖에 없다고 머리를 조아리며 괴로워했던 것이다.

나 자신의 심성에 대해서뿐만 아니라 능력에 대해서도 과신하던 때가 있었다. 나는 슈퍼맨이었고 그래서 무엇이든지 뜻하기만 하면 다 할 수 있을 거라 생각할 때가 있었다. 그러나 나의 인생은 놀랍게도 내가 얼마나 하찮고 무능한 존재인가를 입증하는 방향으로 전개되었다. 말할 수 없는 고통들로 점철된 그 기간 동안 나의 자존심은 철저히 무너져 내렸고 마음속에서 허영이라는 거품이 연기처럼 빠져나가기 시작했다. 자신이 정말 아무것도 아니라고 느끼게 되었을 때 나는 다시 시작하고 있었다.

『성경』에서 하나님이 제일 좋아하시는 사람의 모습은 겸손한 자라고 읽었다. 그것을 알고 난 후 내가 되기를 노력하는 사람은 겸손한 사람이다. 그리고 겸손함이 인생의 굴곡에서 어떻게 극적으로 작용하는지를 직접 체험할 수 있는 기회들이 있었다. 나를 스스로 낮추니 놀랍게도 남이 나를 높여 주었다. 내가 나 자신을 높일 때는 남들이 나를 깎아내리기에 바빴다.

나는 겸손해지려고 노력하고 있다. 그러나 언제쯤 내가 참으로 겸손한 사람이 될 수 있을까 하는 문제로 고심하지는 않는다. 만약 내가 진정으로 겸손한 사람이 되었을 때, 나는 겸손이라는 단어로부터 이미 자유로워져 있을 것이기 때문이다. 진정으로 겸손한 사람에게는 겸손이라는 단어 자체가 자신과는 무관한 것으로 들릴 수밖에 없을 것이다.

🗨 **생각해 보기** 🗨

- 글쓴이는, 겸손한 사람이 되었는가를 알기 위한 방법으로 무엇을 언급하고 있는가?

- 당신은 살아오면서 스스로를 낮추어서 남들에게 높임을 받은 적이 있는가? 아니면 그 반대의 일을 겪은 적 있는가?

예술과 진실

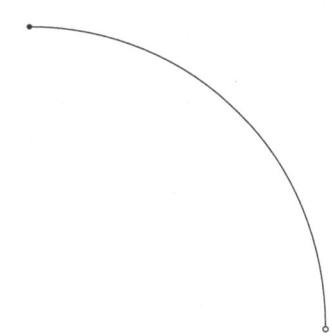

　뮤지컬 '오페라의 유령'을 처음 본 것은 역삼동 엘지아트센터에서였다. 각종 의상과 무대 소품은 영국에서 공수해 왔지만 주연부터 극 중 인물 상당수를 국내 예술인들이 맡았다. 화려했고 감동적이었으며 뿌듯했다.
　오페라의 유령을 두 번째로 본 것은 2005년 영국 런던 레스터 스퀘어에서였다. 당시 유학하던 친구들과 함께 그날 마지막 공연 티켓을 5분의 1 가격으로 샀다. 이층에서 관람하였는데 감격에 겨웠다.
　이미 국내에서 한 차례 본 터라 줄거리와 의상, 소품들에 이미 어느 정도 익숙했다. 내가 눈시울을 붉힌 것은, 국내의 무대가 원조 무대 못지않음을 직접 보고 깨달았기 때문이다. 정말 자긍심이 느껴졌다.

세 번째 오페라의 유령은 25주년 특별 공연 녹화 실황이었다. TV로 보는 내내 강렬한 음악과 화려한 의상, 놀라운 스케일에 다시금 깊이 젖어 갔다. 가면을 쓴 남자의 카리스마, 끝 모르고 치솟아 오르는 여배우의 고음.

그런데 갑자기 의문이 들었다. 왜 이 뮤지컬이 그토록 전 세계 관객의 마음을 사로잡은 것일까? 이유가 뭘까?

사실 그것은 처음부터 가졌던 의문이다. 그토록 유명했기에 국내에도 상륙했던 것이고, 그토록 유명했기에 영국 원조 무대에 가서 다시 본 것이고, 그토록 유명했기에 25주년 축하 무대를 또 보고 있는 거였다.

세 번째는 남달랐다. 그리고 창피하게도 아내 옆에 앉아 소리를 죽여 가며 울음을 참게 되는 일이 벌어졌다. 아내는 걱정스러운 얼굴로 무슨 일 있냐고 물었고 나는 아무것도 아니라고 하며 안경을 연신 썼다 벗었다 했다.

남자는 가면을 썼다. 여자는 호기심에 그 가면을 벗겼다. 깜짝 놀란 남자는 여자를 향해 저주를 퍼부었고, 여자는 울면서 미안하다고, 괜찮다고, 이해한다고 울부짖었다. 환상적인 분위기는 갑자기 처참한 파국으로 치닫는다.

남자는 자신의 약점을, 치부를 사랑하는 여자에게 들키고 싶어 하지 않는다. 그러나 여자는 사랑하는 남자의 모든 게 궁금하고 어떤 것이라도 받아들일 준비가 되어 있다. 남자는 그걸 모르고,

여자도 그걸 모른다.

오페라의 유령은 다양하게 읽힐 수 있지만, 내게는 무엇보다도, 남자의 자존심과 여자의 이해심이 평행선을 달리는 비극으로 다가왔다. 그것이 극 속에 녹아 나의 폐부를 깊숙이 찌르고 들어온 것이다.

영국 중등학교에서 드라마 교본으로 여전히 각광받는 것은 '밤의 방문객'(An Inspector Calls, 1945년 발표)이라고 한다. 딸과 예비 사위, 아빠와 엄마, 남동생이 모인 약혼 축하 자리에 어떤 형사가 찾아온다.

가난한 한 여성의 죽음에 아빠, 엄마, 딸, 예비 사위, 남동생 모두가 관여되어 있다는 걸 확인한 형사는 아빠의 계략에 의해 집의 어느 밀폐된 방 안에 잠시 갇힌다. 시간이 흐른 뒤 다시 열었을 때 그는 사라지고 없었다.

극 초반부터 등장했던 인물이 밀폐된 공간에서 갑자기 사라졌다. 이 무슨 황당무계한 스토린가? 그러나 그건 더는 중요하지 않았다. 등장인물 모두가 한 여성의 죽음에 크고 작게 가담했다는 것이 더 충격적이었다.

진실을 밝히기까지 존재했던 인물이 진실이 밝혀진 뒤 연기처럼 사라진다. 형사는 없어지고 진실만, 참혹한 현실만이 남는다. 그 드라마는 예술이 어떻게 현실의 진면목을 드러낼 수 있는지를 예술적으로 웅변했다.

밤의 방문객을 본 후 오페라의 유령이 더 잘 이해되었다. 예술은 진실을 담는다. 예술 작품은 비록 현실은 아니지만 현실보다 진실을 더욱 잘 보여 줄 수 있다. 그게 예술의 묘미란 걸 그렇게 깨닫게 되었다.

오페라의 유령에 나오는 남자 주인공처럼 나도 아내에게 부족한 점을 보이길 싫어했다. 그러나 아내는 늘 무엇이든 포용하려 했다. 사랑한다면 그러한 포용을 받아들일 수 있어야 함을 예술 작품은 내게 일러 주었다.

🍀 생각해 보기 🍀

- 글쓴이는 '오페라의 유령'이 일깨우고 있는 삶의 진실이 무엇이라고 보는가?

- 당신에게 삶의 진실을 일깨워 준 예술 작품 중 가장 인상적이었던 것은 무엇인가?

II

공부

공부의 기쁨
진정한 독서
공부의 방법
천재와 노력
포기와 인내
반복과 학습
천재의 사유

공부의 기쁨

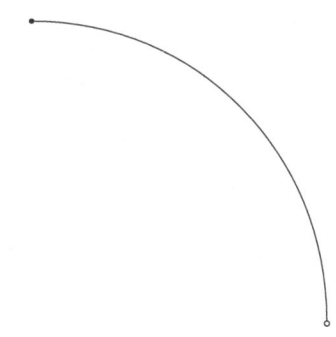

정말 공부가 재미있다고 느끼는 사람이 있을까? 어떤 이는 그동안 살아오면서 공부가 제일 쉬웠다고 말하기도 한다. 그러나 공부가 쉬웠다고 해서 그것이 곧 재미있었다는 말은 아닐 것이다. 쉽지도 않고 더욱이 재미있지도 않은 공부를 우리는 계속 해 왔고, 또 앞으로도 계속 해 나가야 하는 처지에 있다.

학문을 업으로 하는 나이지만 공부라는 말은 당장 썩 내키지 않는 말이다. 결국에는 밤을 새워 끝낸 한 편의 논문을 저만치 두고 느끼는 희열은, 공부에서 오는 즐거움이라기보다는 아마도 밤을 새워서까지 어떤 보람찬 일을 마치고 나서 느끼게 되는 일반적인 기쁨이 아닐까 하는 생각마저 든다.

누군가는, 피할 수 없다면 즐기라고 말했다. 그런데 과연 말처럼 쉽게 그리 될 수 있을까 의문이다. 피하고 싶어지는 그 어떤 것을, 피하지도 못한 채 오히려 즐겨야 한다는 말이, 위로의 말이 아니라 오히려 잔인하다고까지 느껴지는 것은 나만의 일일까?

재미와 공부를 결부시키는 일은 이쯤에서 끝내는 것이 좋겠다. 비록 정말로 공부가 재미있다고 느끼는 누군가가 있더라도 그가 그런 말부터 꺼낸다면 그것을 듣는 이들은 아마도 '저 사람은 분명히 나와는 다른 세계 속에서 사는 사람일거야.'라고 생각하고는 더 이상의 관심을 베풀지 않을 것이다. 그렇다면 이제 이렇게 물어보자. 공부는 어떻게 하는 것이냐고.

공자(孔子, BC 551 ~ BC 479)는 아는 것을 안다고 하고 모르는 것을 모른다고 하는 것이 아는 것이라고 하였다. 안다는 것이, 내가 무엇을 모르고 있는지를 아는 것이고, 모른다는 것이, 내가 무엇을 모르고 있는지를 모르는 것이라는 이러한 취지의 말에는, 애초부터 인간이 완벽한 지식에 이를 수는 없다는 생각이 깔려 있다.

이 글을 읽는 당신은 혹시 본인이 마음만 먹는다면 그 어떤 것이든 쉽게 배울 수 있다고 생각해 본 적은 없는가? 정말 가당하지 않다고 손사래를 치는 사람들도, 가만히 스스로의 마음을 되짚어 보기 바란다. 내가 공부해야 할 책이 내 앞에 덩그러니 놓여 있는데, 일일이 한 페이지씩 그 책의 처음부터 끝까지를 다 읽어 볼 엄두는 나지 않으면서도 그냥 원하기만 하면 책 내용이 머릿속에 모두 쏙 들어왔으면 하고 바란 적은 없었던가? 읽어야 할 책을, 읽고 싶은 책을 책상에 산더미처럼 쌓아놓고서는 한 책을 끝내기도 전에 다른 책을 펴들다가 결국에는 그 모든 책들을 다시 책장에 꽂아두고는 지금까지도 그 책들을 다시 펼쳐들어 보지 못한 사람은 없는가?

공부라고 하는 것은, 내가 모르고 있는 것을 아는 것으로 하나씩 바꾸어 나가는 과정이다. 단 한 권의 책에도 수많은 지식들이 들어 있지만 내가 이해할 수 있는 것은 한 번에 단 하나뿐이다. 욕심을 내어서도 안 되고 조바심을 내어서도 안 된다. 남들은 벌써 이 책 한 권을 다 떼었을 텐데 나는 겨우 고작 몇 십 페이지에서 머뭇거리고 있을 뿐이라는 생각도 버려야 한다. 정말 중요한 것은, 오늘 내가 바로 이 순간 하나의 지식을 얻어 가고 있다는 점이다. 그렇게 해서 하나에서 둘이 되고, 열에서 스물이 되고, 오십에서 백이 되는 것이다. 하루에 하나씩의 지식을 얻는다고 해도 한 달이면 30개이고 일 년이면 365개이다. 한 달에 한 권의 책을 읽는다면 일 년이면 12권이다.

욕심을 버리고 순간순간 배워 가는 그 하나의 지식에 만족할 줄 아는 순간부터 당신은 알아가는 즐거움을 느끼게 될 것이다. 내 안에 새로운 앎이 쌓이면서 나날의 보람은 더욱 커져 갈 것이다. 망망대해에서 내가 디딜 한 줌의 땅이 아주 조금이지만 어쨌든 늘어난 것에 대한 기쁨인 것이다. 그리고 그러다 보면 희한하게도 어느 순간 그 분야에서 더 이상 알아야 할 것이 별로 없다고 느껴지는 때가 오게 된다. 그 분야가 큰 것이라면 시간이 오래 걸릴 것이고, 작은 것이라면 적게 걸릴 것이다. 그리고 그렇게 한 분야를 끝내고 나면 그 분야 말고도 얼마나 많은 인접한 분야들이 있는지에 눈뜨게 되고 그 무한한 지식의 세계에 경외감을 느끼며, 내가 아는 것이 얼마나 적은가를 깨닫게 될 것이다. 그것이 바로 공자가 말한 앎과 모름이다. 공부를 많이 하면 할수록 그래서 겸손해질 수밖에 없는 것이다.

　이제 처음 얘기로 돌아가 보자. 정말 공부가 재미있을 수 있을까? 내가 모르던 것을 알면, 내가 정말 알고 싶었던 것을 알게 되면 기쁘지 않은가? 만약 그러한 기쁨을 단 한 번이라도 느낀 사람이라면 그 사람은 공부의 즐거움을 체험한 사람이다. 공부가 재미있느니 없느니 하는 것은 더 이상 의미 있는 말이 아니다. 공부는 재미있을 수도 있고 재미없을 수도 있는 것이다. 그것은 하늘이 맑을 수도 흐릴 수도 있는 것과 같다. 그저 매 순간 욕심 내지 않고 하나씩 배워 가는 데에서 즐거움을 느낀다면 그때 공부는 재미있는 것이다. 결과는 생각하지 말자. 그저 지금 이 순간 하나의 깨달음을 얻는 것이 중요하니까. 결국, **朝聞道夕死可矣**(조문도석사가의: 아침에 도를 들으면 저녁에 죽어도 좋다)라고 하지 않았던가.

🍎 **생각해 보기** 🍏

- 글쓴이가 말하는 공부란 무엇이며, 어떻게 공부가 재미있을 수 있는가?

- 당신이 생각해 온 공부란 무엇이며, 그것은 재미있었나?

진정한 독서

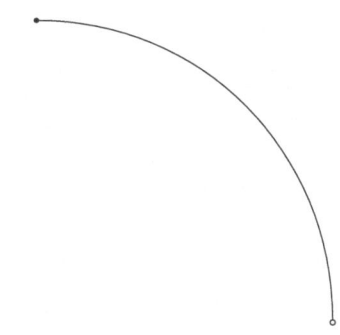

 글자를 읽을 수 있었을 때 난 내가 읽을 만한 책들을 가지고 있지 못했다. 동화책 사는 것보다 쌀 한 되 팔아 끼니를 때우는 게 그 즈음 우리 가족에겐 더 중요했다. 그러다가 만난 게 아버지의 책상 위에 놓여 있던 이희승(李熙昇, 1896~1989) 편 『국어대사전』이었다. 얇지만 견고한 박엽지 위에 깨알 같은 글자들이 박혀 있고 정교한 그림마저 들어 있었다. 몇 천 쪽에 달하는 두툼한 책이었으니 읽을 양이 많아 우선 그것이 기뻤다. 거의 대부분 이해가 가지 않았으나 읽고 또 읽으며 외워 보았다.
 초등학교 6학년쯤 살림이 좀 펴자 아버지는 먼저 자식들에게 명작동화를 사 주셨다. 당시 시장에서 퍼런 기름에 튀긴 통닭을 팔 때 기름에 쩐 닭 껍데기들을 인심 좋게 퍼 주었는데, 그것을 머리가 아프도록 집어먹으면서 톰 소여를 따라다니거나 해저 2만

리를 탐험했고 이상한 나라의 앨리스를 흠모하다가 걸리버를 만나 소인국을 방문하기도 하였다.

집에 있는 책에 싫증이 나자 중학교 같은 반 친구에게 책을 빌려 보는 재미에 빠지게 되었다. 책 표지가 하얗고 꽤 두꺼웠으며 무엇보다도 깊이 있는 내용이 마음을 끌었다.『하늘을 나는 교실』을 읽고, 당장 함박눈이 내리는 날 기숙사가 있는 학교로 전학을 가고 싶었다. 그러나 어느 날 친구는 자신의 어머니가 참고서나 문제집은 되지만 그런 책은 빌려 주는 게 아니라고 해서 자기도 더 이상은 안 되겠다고 했을 때, 나는 친구의 어머니가 똑똑하지만 인정이 매우 박한 사람이라고 생각했다. 그리고는 이상한 오기가 발동하여 더 이상 그런 책은 쳐다보기도 싫어졌다.

그러다가 만난 것이 새로 구입한『한국현대단편소설선』이었다. 꽤 내용이 어렵다는 생각이 들었지만, 한겨울 고구마에 김장김치를 걸쳐 먹으며 동치미 국물까지 벌컥벌컥 곁들여 마시는 느낌이었다. 운수 좋은 날 아내를 잃고 만 인력거꾼과 함께 울다가 느티나무 옆에 서서 이복 남매간의 애틋한 사랑에 갸웃거렸다. 유혹할 때는 언제고 정작 싸움이 일어났을 때에는 제 아버지 편만 드는 점순이를 정말 이해할 수 없는 여자라고 생각하다가 당나귀와 세 사람이 걷는 달밤의 숨 막히는 정취에 흠뻑 젖기도 하였다.

짜라투스트라가 그렇게 말한 내용을 읽다가 중학교 마지막 겨울방학을 넘기고 고등학교에 들어갔는데 더 이상 제대로 된 독서는 할 수 없었다.

데미안과 싱클레어가 인간의 두 가지 내면의 속성을 드러낸다는 것을 깨달았을 때 나는 대학의 신입생이 되어 있었다. 젊은 날의 초상화를 그리면서 최루탄을 피해 을지로로 빠져 달리다가 시위에 참여한 고등학생들을 보며 울었다. 그 해, 열 명이 넘는 사람들이 죽어갔고 나는 5월에 담배를 처음 피우기 시작했다.

당시 서울역 주변엔 10개가 넘는 헌책방이 있었고 거기서 최현배(崔鉉培, 1894~1970)의 『우리말본』을 건졌다. 그때부터 돈 몇 천 원만 호주머니에 들어와도 곧장 배낭을 메고 서울역으로 달려갔다. 어색한 흥정 뒤에 얻은 먼지 가득한 책들을 집에 돌아와 걸레로 닦고 책장에 꽂은 뒤 술 먹은 날이면 꼭 그중 가장 어려운 책을 뽑아 두 시간씩 읽고 쓰러져 잤다. 그렇게 해서 모은 책이 대학을 졸업할 때 천 권이 넘었다. 그 책들을 산 덕분에 나는 술을 조금 덜 먹을 수 있었고 담배를 조금 덜 피울 수 있었다.

대학원에 들어가고 석사에서 박사로 바뀌고 난 뒤 책은 더 많아졌다. 반 이상은 고향 집에 놔두고 꼭 필요한 책들만 배낭에 매어 옮겼다. 새로 이사한 월세방은 소위 전공서적들로만 빼곡히 채워지고 있었다. 그러다가 고향집에 남겨 놓은 책들을 모두 잃게 되었다. 뇌수의 한 쪽을 잃어버린 듯했다. 도로 찾을 길은 없었다. 속수무책. 그저 상실을 있는 그대로 받아들이는 수밖에 없었다.

그 후로부터 책에 대한 나의 생각과 태도가 바뀌었다. 책을 사는 일이 전처럼 그렇게 즐겁지 않았다. 책장에 꽂아놓은 책들의 형형색색의 표지들도 더 이상 내 마음을 강렬하게 유혹하지 못했다. 눈에 보이는 책들은 더 이상 나에게 진정한 책들이 아니었다. 나에게 의미가 있는 책들이란 내 머릿속에 있는 책들뿐이었다. 내가 읽고 그래서 내 머릿속에 그 내용이 정리되어 있는 책들만이 진정한 나의 책, 내가 가진 책이라고 생각하게 되었다. 나는 더 이상 책들을 잃고 싶지 않았던 것이다. 따라서 쉽게 잃을 수 있는 형태의 책들에는 더 이상 매력이나 흥미를 느낄 수가 없었던 것이다.

그러나 머릿속에 있는 책들도 분실되거나 닳는다. 그래서 전에 읽었던 책들을 다시 집어 들 수밖에 없다. 손 위의 책들을 복사라도 하듯이 꼼꼼하게 다시 읽는다. 이미 밟았던 곳을 다시 밟으면서 그 내용과 그것을 읽었을 때의 추억 속으로 빠져 든다. 때로는 전에 못 보았던 새로운 길을 발견하는 기쁨을 누리기도 하면서. 내가 원하는 그 순간 바로 뽑아 살펴볼 책들이 있다는 것에 감사해하며 나는 오늘도 머릿속의 서가를 정리한다.

💬 생각해 보기 💬

- 글쓴이가 말하는 진정한 책이란 무엇인가?

- 당신은 몇 권의 진정한 책을 가지고 있는가? (남이 쓴 책, 내가 쓴 책 모두 포함해서)

공부의 방법

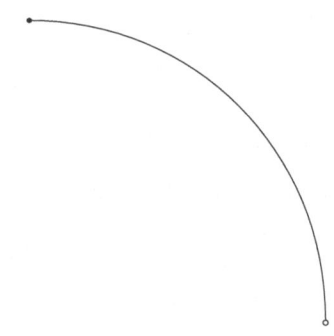

  초등학교를 졸업하고 중학교에 들어가서 본 첫 시험 성적은 전에 비해 그리 나쁘지 않았다. 아버지를 피해서 어느 저녁 어머니께 통지표 도장을 받으러 갔다. 어머니는 성적표를 보시더니 아무 말 없이 찍어 주셨다. 그러면서 이 말만 하셨다. "나는 우리 큰아들 믿었는데." 돌아누우셨다. 하루 종일 남의 밭에서 김을 매고 오신 어머니의 발뒤꿈치가 더욱 깊이 갈라져 있었다.

  방문을 닫고 마루에 서서 주먹 쥐고 울었다. 다음에 1등 안 하면 죽어 버리겠다고 각오했다. 그땐 너무 순진해서 마음을 먹으면 꼭 해야 한다고 생각했다. 큰일이었다. 대책 없이 자신과 약속을 해 버렸다. 참고서는 없고 물려받은 교과서가 다였다. 다음 날부터 수업 시간에 들리는 얘기는 공책에 다 적었다. 갈겨쓴 것을 집에 와서 멀쩡하게 다시 쓰고 중요하다 싶은 것에 빨간 줄을 쳤다.

존경하며 따르던 국어 선생님께서 공부는 예습과 복습이 중요한데 제일은 예습이라 하셨다. 예습은 공부할 내용을 미리 읽으면서 아는 것과 모르는 것, 친숙한 것과 생소한 것을 구별해 놓는 것이며, 수업 시간에는 그러한 경중에 따라 집중했다 풀어졌다 해야 한다고 하셨다. 복습은 그날 배운 것을 자기 전에 모두 되풀이해야 하며 주말에 다시 반복해 두어야 오래 기억된다고 하셨다. 철석같이 믿고 그대로 따랐다.

두 번째 시험이 다가왔다. 나흘에 걸쳐 열두 과목을 봤던 기억이 난다. 하루 세 과목씩 치르고 집에 와 다음날 볼 과목들을 정리했다. 낡은 교과서와 꾹꾹 눌러쓴 내 공책을 가지고 중요하다 표시한 것을 다시 복기했다. 시험 보고 올 때마다 아버지께서는 잘 보았냐고 물으셨고 나는 못 보았다고 대답했다. 어머니는 아무것도 묻지 않고 밥상만 차려 주셨다. 시험이 다 끝나고 결과가 발표되었다. 반에서 3등, 전체에서 5등.

원래 목표했던 바에는 미치지 못했지만 그만하면 죽지는 않아도 될 것 같았다. 정말 살 것 같았다. 공부하는 방법을 알았고 자신감도 붙었다. 아버지는 크게 웃으셨고 어머니의 안색도 한결 밝아지셨다. 그다음 시험에서는 평균 97점을 넘으며 반에서 1등, 전체에서도 1등을 했다. 이후 중학교 졸업할 때까지 전체 1등을 거의 놓치지 않았다. 연합고사에서 몇 개를 틀리며 대도시 고등학교로 진학을 하였다.

고등학교 1학년이 되어 만난 짝꿍은 연합고사에서 한 개 틀렸다고 했다. 입학생 중 전체 1등이었다. 체구도 컸고 지구력도 남달랐다. 경쟁하며 성장하라고 둘을 일부러 같이 앉혔는데 역효과만 냈다. 당시 낯선 곳 허름한 자취방에서 누나와 지내며 나는 고향과 부모님에 대한 지독한 향수병을 앓았다. 문예반에 들어갔고 매주 토요일 시 합평회 이후 옥상으로 불려 가 선배들에게 매를 맞아야 했다.

성적은 계속 떨어져 갔고 2학년 여름방학 때 교회 수련회 간다고 말씀드렸다가 고향으로 불려 가 아버지께 귀싸대기 두 대를 맞고 정신을 차렸다. 떨어진 성적을 만회하려 학원에도 한 달 다녀 보았는데 성적은 더 떨어졌다. 배운 내용을 소화하지 못한 채 새로운 지식만 쏟아붓는 것이 문제였다. 고등학교 공부 내용과 중학교 공부 내용은 격차가 컸다. 그러나 그 방법은 결국 같다는 것을 뒤늦게 알았다.

모든 과목을 다시 예습하기 시작했다. 교재를 미리 읽으며 이해가 되는 것, 알쏭달쏭한 것, 전혀 모르겠는 것으로 나누어 표시하고 수업 시간에 알쏭달쏭한 것을 집중 공략했고 오답노트를 만들며 실수를 반복하지 않도록 했다. 6개월 만에 성적은 반에서 2등, 전체에서 3등으로 올랐다. 당시 내신 반영은 학년별 비율 이십, 삼십, 오십으로 뒤로 갈수록 커져 다행히 2등급으로 졸업할 수 있었다.

여기까지가 중, 고등학교 시절 공부 이야기다. 핵심은 예습과 실수 줄이기에 있다. 예습을 통해 수업의 집중도를 높이고, 오답 노트를 통해 실수를 줄여 나간다. 연습은 시험처럼, 시험은 연습처럼 생각하는 것도 중요하다. 평소에 긴장하고 실전에서는 여유를 갖는다. 이러한 공부 방법은 나에게만 통했던 것이 아니라 다른 학생들에게도 통한다는 걸 이후 대학원 다니며 수험생들을 가르칠 때 확인했다.

공부는 결코 쉽지 않다. 그러나 방법이 없는 것은 아니다. 그리고 방법에는 반드시 실행이 뒤따라야 한다.

❝ 생각해 보기 ❞

- 글쓴이가 말하는 구체적인 공부 방법의 핵심 사항 2가지는 무엇인가?

- 당신이 가지고 있는 (공유하고 싶은) 공부 비법이 있다면 무엇인가?

천재와 노력

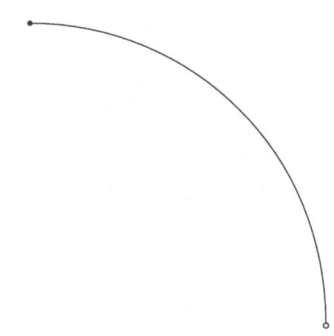

중2 때 같은 반에 말 그대로 천재가 있었다. 전에 같은 반인 적도 없고 말 한 번 나눈 적도 없었다.

그 아이가 천재라는 건, 주위 소문과 무엇보다도 그의 성적이 말해 주었다. 학년 전체에서 열 손가락 안에 들었던 것 같다. 나와도 경쟁 상대였다.

나에겐 큰 약점이 있었다. 일단 IQ가 그 아이와 비교가 안 됐다. 145 대 118. 중학교 공식 기록이었다. 나중에 사설 업체의 테스트를 제한 시간을 넘겨 풀었어도 121이었다. 태어난 머리로는 일단 밀렸다.

또 하나의 약점은 내가 다른 사람과의 비교를 정말 못 참는다는 것이었다. 아이들은 대놓고 나와 그 아이를 비교했다. 나도 모르게 그런 비교에 휘말려 이상한 시합을 벌이기도 했다.

그중 하나가 국어 교과서 외우기였다. 현대 문학사 단원이었는데 책 본문뿐만 아니라 필기 내용까지 모두 암기해야 했다. 갑오경장부터 당시까지의 작가와 작품, 사조와 성향 모두.

이틀 만에 시합은 끝났다. 그 아이가 벌써 다 외워 버린 것이다. 기가 막혔다. 도저히 사람의 머리라고는 믿어지지 않았다. 부모님이 너무나 원망스러웠다. 이를 악물고 나도 해 봤는데 자그마치 2주나 걸렸다.

나는 성실한 학생으로 통했다. 한 번도 천재라거나 천재 같다거나 똑똑하다거나 머리가 잘 돌아간다는 말을 들어보지 못했다. 오직 열심히 한다는 말만 들었다.

드디어 2학년 들어 첫 시험. 벌써 게임은 끝난 것 같았다. 타고난 머리로는 당해 낼 재간이 없었다. 다만, 비교라는 허들은 어떻게든 넘어 보려고 애썼다.

시험 결과가 발표되었다. 그 아이는 과목당 한 개나 두 개 정도 틀렸다. 무척 좋은 성적이었다. 나는 전 과목에서 몇 개 틀렸다. 학년 전체 1등이었다.

그때 알았다. 천재가 아니어도 천재를 이길 수 있다는 것을. 이후로도 그 아이는 한 번도 나를 넘지 못했다.

왜 그 아이가 나를 이기지 못했을까? 전 과목에서 다 맞았다면 분명 나를 앞섰을 텐데. 그 아이에게 나중에 공부하는 방법을 직접 들었다. 그것도 놀라웠다.

시험 보기 전날, 시험 범위에 해당되는 부분을 세 번 읽는다고 했다. 첫 번째는 가볍게 훑어보고, 그다음은 세밀하게 살펴보고, 마지막에는 뭐 빠진 거 없나 점검하고. 그게 다였다. 그렇게 하면 책 본문이 완전히 사진처럼 머릿속에 박힌다고 했다. photographic memory. 그 아이에게 시험은 오픈 북(open book) 테스트였다.

25문항 중 대부분은 교과서에 답이 그냥 나와 있었다. 그러나 한두 문제는 깊이, 오래 생각해야 풀 수 있었다. 그 아이는 짧은 시간 외워서 풀었지만, 나는 긴 시간 이해해서 풀었다. 선생님들이 정말 고마웠다.

그때 두 가지를 배웠다. 머리는 노력을 따라올 수 없다. 공부할 때 남과 비교해서는 안 된다. 그렇게 배운 교훈은 인생의 커다란 벽 하나를 넘을 수 있게 해 주었다. 나는 더 이상 천재가 두렵지 않았다.

🍀 **생각해 보기** 💬

- 글쓴이가 말하는, 천재를 이기기 위한 방법은 무엇인가?

- 글 속에 등장하는 천재는 질 수밖에 없었을까? 아니면 애초에 1등을 할 생각이 없었을까?

포기와 인내

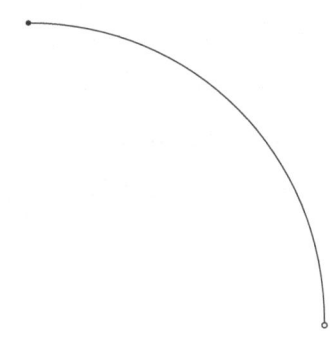

　교육방송에서 처음 TV 과외란 개념을 들고 나온 게 고3 때였다. TV 보면서 무슨 공부냐며 당시 나도 맨 처음엔 부정적이었다. 그런데 막상 한번 접해 보니 꽤 괜찮은 듯했다. 교재를 사고 밤 열 시에 자율학습 대신 TV가 설치된 교실을 찾아 시청했다.
　강사들은 당시 쟁쟁한 입시학원들의 일타였다. 밑줄 쫙 서한샘을 비롯하여 노량진을 넘어 전국구 강사들이 카메라 앞에 섰다. 처음 듣는 이야기도 많았고 교재도 색달랐다. 당시 약했던 과목 중 세계사도 있었는데 담당 강사가 주요 사건들의 연도를 모두 외우면 된다 했고 정말 그랬다.
　시간은 흘러 어느덧 대입 학력고사를 두 주 정도 앞두게 되었다. 듣던 학생들이 점점 줄더니 나를 포함 두세 명 정도가 밤늦게까지 TV 앞에 앉았는데 묘한 일이 벌어졌다. 형식도 특강으로 바꾸고 수업도 교재 없이 진행되더니 강사들이 놀랄 만한 이야기를 꺼냈다. 이제부터 얘기하는 건 모두 다 시험에 나온단다.

쓴웃음을 지었다. 그럼, 시험에 나온다고 해야 하지 않겠어? 시간은 조여 오고 가슴은 답답했지만 그래도 끝까지 마무리는 해야 할 것 같아 시청했다. 과연 강사들이 선보인 문제들은 지금껏 접해 보지 못한 것들이었다. 최소한 두세 문제를 합쳐 꼬아놓았다. 많이 당황스러웠다. 저런 문제는 설마 안 나오겠지.

그날이 왔다. 당시에는 지원 대학에 가서 대입시험을 치렀다. 원서 낸 이후 두 번째로 찾은 캠퍼스는 여전히 낯설었다. 계단식 강의실에서 자리를 찾아 앉았다. 갖가지 생각이 들었다. 좌우를 살펴보니 다들 나처럼 초조한 눈치였는데 유독 내 왼쪽의 여학생이 많이 떨었다. 시험 보는 내내 감독관이 걱정할 정도였다.

1교시 국어와 국사. 국어 시험은 그런대로였다. 그런데 국사 시험이 놀라웠다. 두 주 전 TV 과외 강사가 교재 없이 소개했던 일곱 문제 중 세 개가 거의 그대로 나왔다. 예상이 적중한 것이다. 어떻게 이럴 수가 있지? 생전 처음 겪는 상황이었다. 당시 수험생 중 그 방송을 본 이가 전국에서 거의 없었을 것이다. 우리 학교에서도 그랬으니.

2교시 수학과 세계사. 세계사는 그런대로였다. 문제는 수학이었다. 도무지 잘 풀리지 않았다. 마치 IQ 테스트를 방불케 하는 문제들. 그냥 망쳤다는 생각만 들었다. 쉬는 시간에 들른 만원 화장실. "야, 이번 수학은 좀 쉽지 않았냐?" 얼굴 좀 보고 싶었다. 볼일 보고 쫓기듯 내 자리로 돌아와 눈을 감았다.

고사장 밖에서 추위에 떨고 계실 아버지. 집안일로 차마 오시지도 못한 어머니. 막막하고 아득했다. 옆자리 여학생이 아니라 이젠 내가 문제였다. 생각했다. 여기서 이렇게 되는 건가? 그래. 어쩔 수 없지. 2교시를 망쳤으니 3, 4교시라도 잘 봐야지. 처참한 기분이었지만 어머니가 싸 주신 점심을 꼭꼭 씹었다.

시험 종료를 알렸다. 자리에서 주섬주섬 물건을 챙겨 일어섰다. 흐린 날씨에 문이 열리고 오래된 동상처럼 서 있는 학부모들이 보였다. 나보다 더 긴장한 채 얼어 계신 아버지께서 나를 찾아 물으셨다. 못 보았다고 말씀드렸다. 학원들에서 나누어 준 정답지가 바닥에 눈과 함께 나뒹굴고 있었다.

시험 직후 매스컴에서 그날 수학 시험에 대해서 말들이 많았다. 정상적인 고교 과정을 넘어섰다며 질타했다. 2교시 시험 후 화장실에서 들린 말은 그냥 허풍이었다. 실제로 그날 많은 수험생들이 2교시 직후 고사장을 떠났다고 한다. 난 포기하지 않았고 그래서 살아남았다.

가끔 생각한다. 1교시 국사와 2교시 수학. 둘의 공통점이 있었다. 끝까지 시청했고, 끝까지 포기하지 않았다. 이후로 '끝까지'는 내 삶의 신조가 되었다. 끝까지 할 때 기회의 문이 열리는 경험들은 이후의 삶 속에서 더욱 놀랍게 펼쳐졌다. 마지막 한 페이지가,

마지막 십 분이 그토록 중요했다. 난 그 비밀을 알게 되었다.

🗨 **생각해 보기** 💬

• 글쓴이가 말하는 '끝까지'는 특히 어느 경우에 해당하는가?

• 당신은 끝까지 해서 놀라운 성취를 한 적이 있는가? 있다면 무엇인가?
 또, 끝까지 하지 않아서 낭패를 본 경험이 있는가? 있다면 무엇인가?

반복과 학습

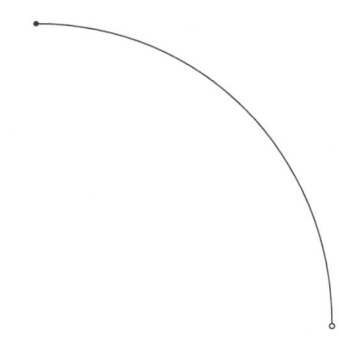

　대학교 2학년 이후 장롱 면허로 있다가 본격적인 출근을 앞두고 받은 도로 주행 연수로 운전 면허증은 세상에 다시 얼굴을 내밀게 되었다. 새벽 시간에 다섯 번 연수를 받고 나서 감행한 첫 출근 주행을 지금도 잊기 힘들다. 갈 때는 환했는데 올 때는 깜깜했던 길. 자칫하면 저승길이 될 수 있다는 생각에 가슴이 콩닥콩닥 뛰었다.
　딸네 집에 오신 장모님은, 자주 다니는 길에 익숙해지다 보면 운전 실력이 점차 나아질 거라며 웃으셨다. 실제로 집에서 학교까지는 초보에게는 만만치 않은 길이었다. 대로에서 대교로, 대교에서 고속화 도로로 경주하듯 달리다가 오른쪽 길로 좁게 빠져 합류와 분기를 수시로 해야 하는 등 태반이 난코스로 이어졌다.
　어머님 말씀에 힘입어 그렇게 매일의 출근길을 연수라고 생각하고 다니자 어느덧 운전이 편해지게 되었다. 어렸을 적 버스 타는 것마저 너무나 좋아했던 나는 내가 직접 하는 운전을 즐기게 되었다. 물론, 낯선 길에서는 여전히 걱정이 앞서지만 출퇴근길에 팔과 다리가 알아서 척척 운전하는 광경은 흥미롭기만 하다.

매일 반복되는 출퇴근길의 운전만으로 운전 자체가 편해지고 그에 대해 자신감이 붙는 것처럼, 공자(孔子, BC 551 ~ BC 479)는 배움에 있어서 반복의 중요성을 『논어』 첫머리에 써 놓았다. '배우고 수시로 익히면'(學而時習) 그 또한 기쁘지 아니한가. 여기서 학습(學習)이 나온다. 學은 새롭게 무언가를 배우는 것이고 習은 그걸 반복해서 익히는 것이다.

Learning은 學에서 시작하여 習으로 완성된다. 그러나 學에서 시작하여 學으로 끝나기 쉽다. 그래서는 머릿속에 제대로 남지 않는다. 반드시 習이 수반되어야 한다. 그러나 사람들이 가장 피곤해하고 싫어하는 것이 반복이다. 그래서 習이 어렵고 지식을 내 것으로 만들기가 어려운 것이다. 그러나 배움의 비밀은 여기에 있다.

폴락(Jean-Yves Pollock, 1946~)이라는 프랑스의 유명한 언어학자가 있다. 1980년대 후반, 기념비적인 논문을 써서 전 세계 언어학계가 주목을 했다. 누군가가 그에게 당시 촘스키(Noam Chomsky, 1928~)의 신간 서적 『The Minimalist program』(1995년, MIT press)을 몇 번 읽었냐고 물었다. 그는 얼마 못 읽었다고 손사래를 치다가 대략 50번 정도 읽은 것 같다고 답했다.

독서백편의자현(讀書百遍義自見)이라는 말이 있다. 책을 백 번을 읽으면 뜻이 저절로 떠오른다. 중국 동우(董遇)의 고사에서 유래된 이 말을 요즘 사람들은 그냥 책을 열심히 읽으라는 잔소리쯤으로 여기는 것 같다. 그러나 진짜 공부하는 사람, 세계적인 석학들은 중요한 책을 그렇게 여러 번 읽는다. 자꾸 읽어 자신의 책으로 만든다.

그렇게 열심히 읽어 타인의 책을 자신의 책으로 만들고 저자보다 그 책을 더 잘 이해하게 되고 끝에는 그 책을 넘어서는 자신의 논저를 세상에 내놓는다. 책 10권을 1회씩 두루 읽는 것보다 책 1권을 10번 깊게 읽는 게 더 좋다. 사람에게는 시간도 돈도 여력도 제한되기에 가장 좋은 책을 골라 그렇게 여러 번 읽어야 한다.

중고등학교 학생들 성적이 잘 오르지 않는 이유는 문제집을 자꾸 옮겨 다니기 때문이다. 자신의 눈높이보다 조금 높은 수준의 좋은 교재를 골라 그것을 여러 번 반복해서 풀고 익히면 그 과목의 성적은 오를 수밖에 없다. 조금 하다 지겨워지면 다른 책을 사서 보고 그러다 또 포기하고 나면 책장에 문제집만 쌓이게 된다.

대학생이나 대학원생도 마찬가지다. 특히 대학원생들은 공부를 직업으로 삼은 이들인데, 반복할 줄 아는 학생이 놀랍게도 드물다. 수업 듣는 교재 따로, 여럿이 스터디하는 교재 따로, 혼자 공부하는 책 따로. 좋은 논문을 써내는 사람은 그 세 가지 책이 모두 한 가지로 동일하다. 한 학기에 같은 책 한 권을 세 번 읽는 것이다.

반복은 습관을 낳고 습관은 사람을 만든다. 좋은 것을 반복하여 좋은 습관을 만들면 좋은 인성이 길러진다. 나쁜 것을 반복하여 나쁜 습관을 만들면 몸도 마음도 병이 들어 삶이 힘들어진다. 습관은 반복의 반복이다. 반복의 지루함을 극복하여 좋은 일을 습관처럼 하게 된다면 이 얼마나 멋진 일일까! 반복은 나를 만드는 길이다.

반복은 다만 반복에 그치지 않는다. 반복을 하다 보면 차이 있는 반복이 일어난다. 같은 것만 되풀이하는 게 아니라 좀 더 나은 방향으로 개선을 시도하게 된다. 그래서 더 나은 반복이 이루어지고 그래서 더 좋은 습관이 형성되고 그래서 더 나은 몸과 마음이 되어 간다. 계획은 고치라고 있는 것이다. 반복 속에 변화를 추구한다.

❝ 생각해 보기 ❞

- 글쓴이가 말하는 반복의 전개 과정은 무엇인가?

- 당신은, 지속적인 반복에 의해 어떤 좋은 습관을 형성한 적 있는가? 있다면 무엇인가?

천재의 사유

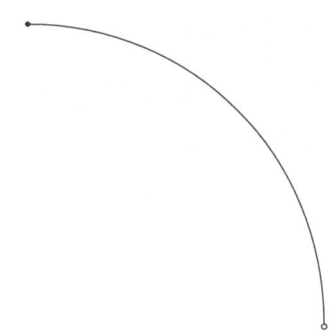

무엇이 뛰어난 사유와 그 결과물을 만들어 내었을까?

사람들은 보통 이에 대해 천재와 천재적인 사유를 그 원인으로 꼽으려 한다. 그러나 천재만이 천재적인 사유를 할 수 있다면 인간 사유의 역사는 오로지 천재들만의 역사이고 기록이며, 그 외의 대다수 사람들은 배제되고 소외된다.

과연 뛰어난 사유를 보여 주는 모든 이들이 천재일까? 천재가 아니라면 뛰어난 사유를 할 수 없는 것일까? 사유를 주된 업으로 삼고 있는 사람들은 학자이다. 그렇다면 학자들은 대개가 천재들인가? 아니다. 이 글을 쓰고 있는 바로 나 자신이 그 한 예이다.

그렇다면, 다시, 무엇이 천재적인 사유의 원인일까?

오래 생각하기가 그 대답인 것 같다. 무엇인가를 오래 생각하면 그것에 대해 잘 알 수 있어 그것이 가진 문제와 해결책을 찾아내기 쉽다. 오래 생각하는 것만으로도 천재적인 사유를 할 수 있다면, 그것은 천재들만의 전유물이 아니라 보통 사람들도 할 수 있는 일이 된다.

오래 생각하기 위해서는 오래 생각할 수 있는 시간이 필요하다. 이때의 시간은 '객관적인 시간'과 '주관적인 시간'으로 나눌 수 있다. 객관적인 시간이란, 시계로 잴 수 있는 시간을 말한다. 주관적인 시간이란, 개인이 마음으로 느끼는 시간이다. 마음의 여유, 생각할 수 있는 여유가 주관적인 시간이다. 객관적인 시간과 주관적인 시간이 늘 일치하는 것은 아니다. 비록 객관적인 시간이 주어졌다 해도 주관적인 시간이 없는 경우가 있으며, 비록 객관적인 시간이 별로 많이 주어져 있지 않아도 주관적인 시간만큼은 풍부한 경우도 있다. 객관적인 시간이 양적인 시간이라면, 주관적인 시간은 질적인 시간이다. 일단 양적인 시간도 중요하겠지만, 질적인 시간은 본질적으로 더 중요하다. 따라서 객관적인 시간을 확보하는 것보다 우선 주관적인 시간을 확보하는 것이 더 긴요하다.

시간뿐만 아니라, 오래 생각하도록 만드는 동기가 필요하다. 정말 관심이 있지 않고서는 그렇게 오래 생각하는 것은 불가능하다. 놀이나 취미라 해도 얼마 안 가 시들해져 버리기 때문이다. 따라서 강력한 동기가 필요한데 그러한 동기는 그것이 지향하는 대상과 불가분의 관계에 놓여 있다. 이를 '동기-대상'으로 표현해 보자. 동기와 대상은 불가분의 관계이므로 동기와 대상을 따로 찾는 것은 바람직하지 않다.

오래 생각하기 위해서는 건강도 필요하다. 아무리 재미있는 일이라도 피곤하거나 건강이 나쁘다면 도무지 할 수가 없다.

그렇다면, 오래 생각하기 위한 필수요소를 확보하는 방법은 무엇일까?

우선 동기-대상을 얻으려 노력한다. 건강도 평소에 돌본다. 그러기 위해 규칙적인 생활, 예측 가능한 생활을 한다. 절대 시간을 확보하기 위해 쓸데없는 일을 줄이고, 마음의 여유를 갖기 위해 잡념을 없앤다.

이제 오래 생각하기를 실천하는 방법이다.

- 하루도 거르지 말고 주어진 대상을 매일 생각한다.
- 오래 생각하는 가운데 얻어진 것을, 귀찮더라도, 잘 정리하여 꼭 기록한다.
- 계속 생각하는 가운데, 이미 생각한 것을 기록을 통해 되새기고 반성한다.
- 계속된 반성에도 지워지지 않고 살아남는 것들을 토대로 견고한 생각의 결과물을 구축한다.
- 구축된 결과물을 한 편의 완성된 글로 남긴다.

일정한 때가 되어 한 편의 글로 남겨지지 않은 오래된 생각은,

다시 시간이 지나면서 부정되어 사라질 수 있다. 따라서 비록 완전하지 않다고 생각하더라도 일정한 때가 되면 그때까지의 생각을 한데 모아 완성된 글 형태로 남기는 것이 필요하다. 나중에 부정되더라도 정확히 기록되어 있으면 더욱 명확히 부정될 수 있기 때문이다.

이 글 역시 오래 생각하기를 실천에 옮긴 결과다.

❝ 생각해 보기 ❞

- 글쓴이가 오래 생각하기의 이유와 요건으로 든 것은 각각 무엇인가?

- 당신은 오래 생각하기를 통해 이룬 독창적인 사유가 있는가? 있다면 무엇인가? 아직 없다면, 오래 생각하기를 통해 이루고자 하는 사유의 영역 혹은 주제는 무엇인가?

III

연구

금지된 질문
연구와 화두
관찰과 해석
언어와 사고
이론과 권위
기획과 시간
연구의 희열

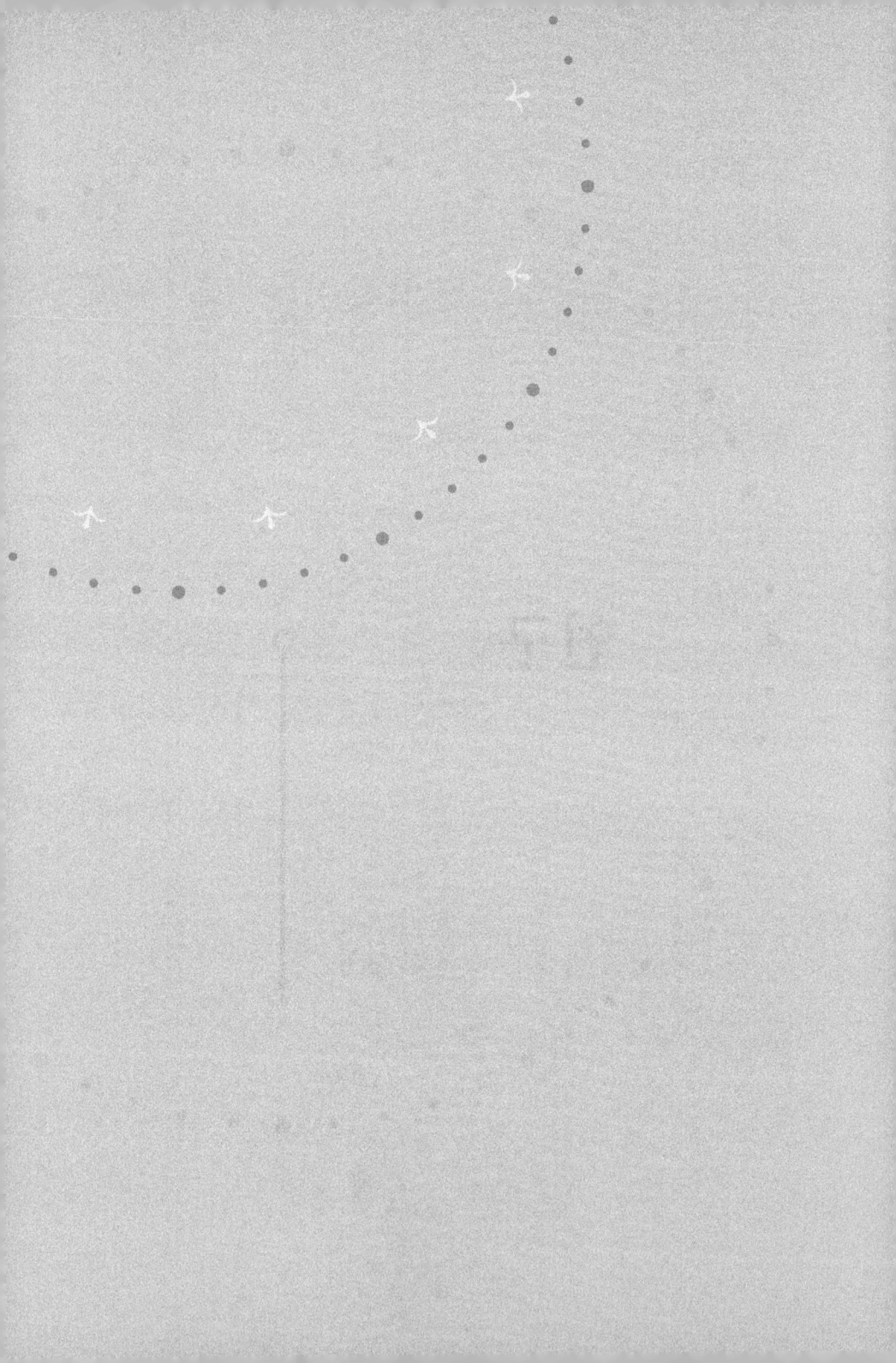

금지된 질문

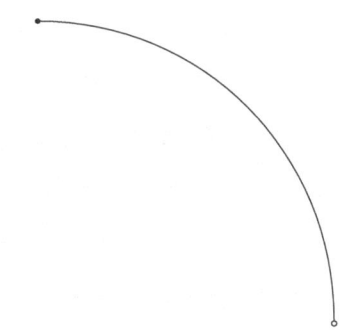

아이들은 질문을 많이 한다. 거의 습관적으로 질문을 하는 것처럼 보인다. 그런데 그게 정말 궁금하고 이해가 되지 않아서 하는 것이라면 어떨까?

나는 어릴 때 세상 살기 참 힘들다고 생각했다. 내 또래 아이들을 포함해서 주위 사람들은 너무나 쉽게 받아들이는데 나는 그게 잘 안 되었다. 그럴 만한 이유가 있어야 했다. 어떻게 근거도 없이 무언가를 쉽게 받아들일 수 있는 것인가? 내가 이상한 건가 남들이 이상한 건가? 상황은 내게 늘 불리했다.

지금부터 다소 불편한 질문을 하게 될 것이다. 지금도 불편한데 사실 이런 질문은 바로 그때, 초등학교도 들어가기 전 내가 품었던 의문이다. 왜 부모와 자식이 결혼을 하면 안 되는 것일까?

나는 그런 의문을 품을 만한 충분한 근거가 있었다. 집에서 키우는 똥개가 있었는데 밖에 돌아다니다가 새끼를 배어 집에서 낳았다. 문제는 그다음이었다. 새끼 가운데 수컷이 있었는데 그게 자라 어미와 교미를 하여 새끼를 낳은 것이다. 매우 자연스러웠고 나는 그걸 목도하였다.

어미와 아들이 교미하여 정상적으로 새끼를 낳는 것을 보고 사람의 경우는 어떨까 궁금했었는데 당시 그것을 차마 물을 수가 없었다. 그래도 눈치는 있었는지 왠지 물으면 큰일 날 것만 같았다.

나도 아들이었고 엄마가 있었지만 개들처럼 내가 그러고 싶었던 것은 아니다. 다만, 나는 동물의 세계에서 벌어지는 일이 인간의 세계에서는 어떤지 그것이 궁금했다. 커 오면서 그것이 인간 세계에서는 불가능하다는 것을 알게 되었다. 그러나 여전히 왜라는 질문은 떠나지 않았다.

그러한 질문에 대한 대답은 대학에 와서야 들을 수 있었다. 문화인류학 시간이었는데 교수님께서는 인간의 문명이 성립 가능했던 이유 두 가지를 드셨다. 관용의 법칙과 근친상간 금지의 원칙. 사소한 이유로 서로 때려죽이지 말고 부모와 자식 간의 성교를 금지하여 가정이 성립되고 사회가 형성될 수 있었기 때문에 오늘날과 같은 인류 문명이 가능했다는 설명이다. 십 년 묵은 체증이 싹 가시는 순간이었다. 인간에게는 그럴 만한 충분한 이유가 있었다. 생물학적으로는 충분히 가능해도 문화가 그것을 막았구나!

나이가 어리다는 이유로 그 앞에서 엄포를 놓아 봤자 근본적으로는 통하지 않는다. 당장 겉으로는 수그러들 수도 있겠지만 그럴수록 답을 찾고자 하는 욕망은 더욱 거세지고 간절해질 수밖에 없다.

학문의 역사를 바꾼 인물들은 하나같이 금지된 질문을 하고 그에 대해 답하려고 노력했다. 나이가 들어서도 그런 질문을 굽히지 않았고 사람들은 그들을 손가락질했다. 유아 성욕설을 주장한 프로이트(Sigmund Freud, 1856~1939)는 어땠했겠는가? 지금은 널리 회자되고 있는 오이디푸스 콤플렉스는 여전히 입에 담기에도 힘든 내용이다.

창의적인 인재를 원하는가? 무엇이 창의적인 인재인가? 요즘 들어 사람들은 대답을 잘하는 사람이 아니라 새로운 질문을 할 줄 아는 사람이 진정 시대가 요구하는 인물이라고 말한다. 나는 믿지 않는다. 그들은 여전히 듣고 싶은 질문을 잘하는 사람을 원한다. 그게 기성세대이자 기득권, 아니 상식을 가진 어른들의 모습이다.

금지된 질문을 할 수 있어야 한다. 어떤 것도 물을 수 있어야 한다. 답이 없거나 궁색하다 해서 질문하는 사람을 탓해서는 안 된다. 그게 자라는 아이들일 경우는 더욱 그렇다. 지금 우리는 어린이나 어른이나 그런 질문을 쉽게 할 수 없는 사회에서 살아간다. 다른 나라는 어떻다는 말은 더 이상 하지 말자. 우리가, 내가 어떤지가 중요하다. 금지된 질문이 많을수록 허용된 대답은 적을 수밖에 없다.

🍃 **생각해 보기** 🍃

- 글쓴이는, 정답이 있는 질문과 정답이 없는 질문 중 어느 것이 더 좋다고 여기는가?

- 당신이 가지고 있는, 아마도 (지금으로서는) 정답이 없을 것 같은 (그동안 차마 꺼내기 힘들었던) 질문은 무엇인가?

연구와 화두

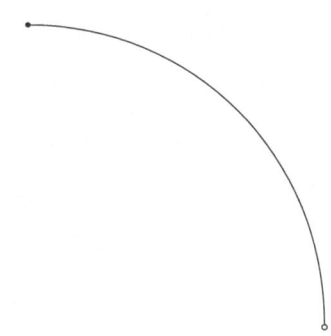

나의 전공은 좁게는 한국어 통사론이고 넓게는 언어학이다. 그러니 언어에 대해 늘 관심을 가질 수밖에 없다. 그러한 관심은 아주 어렸을 때로 거슬러 올라가지만, 일생을 두고 언어를 연구해 보겠다는 생각을 하기 시작한 것은 대학생 때부터였다.

평생을 바쳐 연구해 보고 싶을 만큼 언어는 내게 가치 있고 소중한 존재였다. 언어에 관한 것이라면 모두 다 수집하려 들었고 언어에 대한 연구가 나만의 전유물이길 바란 적도 있었다. 애착을 넘어 집착이었다.

그러던 어느 날, 나는 우연히 마주친 경구 하나로 인해, 걷잡을 수 없는 절망과 혼란의 구렁텅이로 빠지게 된다.

道可道非常道(도가도비상도)

이 문장은 노자(老子)의 『도덕경』 첫머리에 나오는 글귀로서 언어의 한계를 지적하고 있다. 즉, 진리를 언어로 풀어낼 경우 그것은 진리를 온전히 담아낼 수 없게 된다는 것이다. 이렇듯 언어가 지극히 불완전한 존재라면, 그러한 언어를 연구한다는 것이 과연 일생을 걸 만큼의 값어치를 가지는 것일까? 언어 연구에 대해 가져왔던 나의 소박한 기대와 꿈은 이내 산산조각이 나고 만다. 환희는 사라지고, 나는 방황으로 내몰렸다.

언어와 언어학에 대한 이러한 본질적인 문제제기에 대해 나는 그것을 그냥 피하거나 무시할 수는 없었다. 이 문제를 어떻게든 해결하지 않고서는 더 이상의 단계로 나아가는 것이 불가능함을 직감했다. 그래서 나는 가장 견고해 보이는 학문들의 사정은 어떠한지 살피기 시작했다. 그러다가 깜짝 놀랄 만한 사실들을 알게 된다.

자연과학의 꽃이라 불리는 물리학. 순수과학의 핵심에 물리학이 있다. 뉴턴(Isaac Newton, 1642~1727)의 고전역학을 지나 아인슈타인(Albert Einstein, 1879~1955)의 상대성원리를 거치면 하이젠베르크(Werner Karl Heisenberg, 1901~1976)의 양자역학이 나온다. 하이젠베르크는 미시세계에 존재하는 '불확정성 원리'(uncertainty principle)를 발견하며 노벨 물리학상을 받는다. 그가 밝혀낸 것은, 원자핵 주위를 돌고 있는 전자에 관해서 그것의 속도를 정확히 재고자 하면 그로 인해 방향 값은 근사치로 얻어지고, 반대로 방향을 정확히 재고자 하면 그로 인해 속도 값이 근사치로 구해질 수밖에 없다는 점이다. 관찰자의 관찰 자체가 관찰 결과에 영향을 미친다. 미시세계의 연구에서 과학은 근본적인 한계를 가진다.

수학은 과학의 언어다. 과학의 내용은 수학으로 기술된다. 그런데 수학도 물리학처럼 한계를 가지고 있다는 것이 지적되었다. 괴델(Kurt Gödel, 1906~1978)은 수학에 참, 거짓을 입증할 수 없는 명제가 존재함을 지적하였다. 가령, '모든 크레타인은 거짓말쟁이라고, 한 크레타인이 말했다.'와 같은 문장이 그 예인데, 만약 한 크레타인이 말한 것이 참이라면 '모든 크레타인은 거짓말쟁이'이므로 결과적으로 그렇게 말한 크레타인이 거짓을 말한 셈이다. 그의 말이 참인 것으로 시작했지만 결국에는 그의 말이 거짓이라는 모순적인 결론에 이르고 말았다. 그의 말이 거짓인 것으로 시작해도 결국 그의 말이 참이라는 모순된 결론에 이르고 마는 것은 동일하다. 괴델은 이를 수학에 존재하는 '불완전성 원리'(incompleteness principle)라고 하였다.

물리학의 불확정성 원리와 수학의 불완전성 원리는, 고도의 엄밀성을 자랑하는 자연과학에서조차 근본적인 결함이 존재하며, 그로 인해 자연과학이 말해 주는 바는 진리가 아니라 그 근사치에 불과함을 일깨워 준다.

道可道非常道

이 글귀는 얼핏 보기에 언어의 한계를 지적하는 것 같았지만 실은 거기에 그치지 않고 인간의 학문 전체가 가질 수밖에 없는 숙명적인 한계를 드러내는 것이기도 하다. 언어에 한계가 존재한다는 것을 알리기 위해서도 언어를 사용할 수밖에 없다. 학문에 근본적인 한계가 있다는 것을 알면서도 우리는 미지의 대상을 이해하기 위해 학문에 의지하지 않을 수가 없다.

'언어는 완벽하지 않다. 그러므로 언어를 연구하는 것은 별다른 가치를 가지지 못한다.' 이러한 생각은 '학문은 완벽하지 않다. 그러므로 학문을 추구하는 것은 별다른 가치를 가지지 못한다.'는 것이나 '인간은 완벽하지 않다. 따라서 인간을 연구하는 것은 별다른 가치를 가지지 못한다.'는 것만큼이나 경솔하고 철없는 생각이다.

인간은 근본적인 한계를 지닌 존재이며, 그가 구사하는 언어도 그러하고, 그가 추구하는 학문도 그러하다. 시인 유치환과 서정주가 각각 '깃발'과 '추천사'에서 말하고자 했던 바가, 하이젠베르크가 그의 '불확정성 원리'를 통해, 괴델이 그의 '불완전성 원리'를 통해 말하고자 했던 바와 크게 다르지 않다는 것을 학부 4학년 1학기를 마칠 즈음 나는 깨닫게 되었다. 그리고 그 후로 언어를 연구한다는 것에 대해 더 이상 회의를 느끼지 않게 되었고, 학문이라는 것 자체를 신성시하지도 않게 되었다.

道可道非常道

이 글귀는 처음 나에게 큰 충격으로 다가왔다. 그 무게에 짓눌려 고스란히 무릎을 꿇을 수밖에 없을 것만 같았다. 그러나 나는 길을 걸을 때도, 밥을 먹을 때도, 하늘을 올려다 볼 때에도 늘 그것을 생각했다. 그리고 마침내 화두(話頭)가 풀렸을 때 나는 전보다 훨씬 크고 넓은 세상에 서 있게 되었다.

화두. 그것은 퍽 불편한 '질문'이다. 그러나 피해서는 안 된다. 온전히 그것과 마주하여 대답을 찾기 위해 노력해야 한다. 얼마의 시간이 소요될는지는 알 수 없다. 그러나 화두의 무게만큼 성숙의 두께가 결정될 것이다. 화두는 멀리에 있지 않다. 내면의 목소리에 귀를 잘 기울이면 어느 새 가을 산처럼 성큼 내게 다가와 있는 그것을 알아챌 수 있다.

🖢 **생각해 보기** 🖢

- 글쓴이가 품은 화두는 처음에는 어떤 것에 대한 것이었고 그것이 나중에 풀릴 무렵에는 어떤 것으로까지 확대되었는가?

- 당신이 현재 품고 있는 화두는 무엇이며, 그걸 풀기 위해 그동안 어떤 노력을 해 왔는가?

관찰과 해석

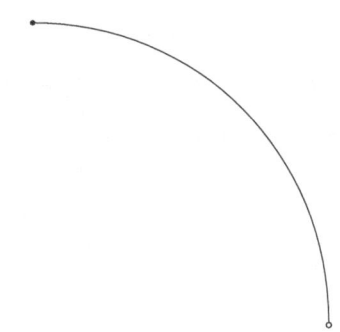

 나는 요리를 좋아한다. 좀 더 정확히 말해 요리하는 것을 좋아한다. 그렇다고 나의 요리 솜씨가 전문 요리사의 그것에 필적할 만하다는 얘기는 결코 아니다. 나는 그저 요리를 잘하고 싶은 사람에 속할 뿐이다.
 내가 요리하는 것을 좋아하거나 요리 잘하는 것을 퍽 부러워하는 이유는 무얼까? TV에서 요리를 가르쳐 주는 프로그램을 보면, 제각기 개성 넘치는 맛과 향을 가진 채 예쁜 그릇에 정갈히 담긴 각각의 음식 재료들이 일단 요리사의 손을 거쳐 볶이고 데쳐지고 삶아지며 섞이는 과정에서 하나의 놀라운 음식으로 탈바꿈하는 것을 볼 수 있다. 때로는 혼합되어, 때로는 화합의 과정을 거쳐, 보기에도 좋고 입에도 즐거운 멋진 요리가 만들어진다. 요리사는 겉보기에는 어지럽게 이것저것을 취하여 뒤섞지만 일단 그의 손

을 거치면 재료만으로는 쉽게 예측되지 않는 훌륭한 음식이 탄생한다. 그런 장면을 보고 있노라면 다양한 재료들을 가지고 그것을 종합하는 요리사의 그 놀라운 손길이 여간 부러운 게 아니다. 어떻게, 그토록 연관성 없어 보이는 재료들이 요리사의 손을 거치면 어쩌면 그렇게도 정갈하고 매끈한 하나의 요리로 거듭나게 되는 것일까?

그것은 양적 차원에서의 변화가 아니다. 질적 차원에서의 도약이다. 재료들을 그냥 섞어 놓는다고 음식이 거저 만들어지는 것은 아니다. 종류별로 일정한 양을 가지고 때로는 적정 온도의 열을 가하고 때로는 적당한 크기로 잘라, 재료 전체가 나름의 특성을 잃지 않으면서도 상호간의 조화 속에서 부분의 합 이상 그 무엇인가를 창발하게 할 때 하나의 멋진 음식이 탄생하는 것이다.

나는 학문을 하면서 학자와 요리사 간에 무시할 수 없는 연관성이 있음을 문득문득 지각하게 된다. 학자는 보이는 현상들 속에서 보이지 않는 본질을 찾아내고자 한다. 특정한 대상들이 일정한 패턴을 보인다면 그들은 분명 하나의 무리를 이루고 있다고 간주될 만하며, 따라서 학자는 그들을 묶어 줄 어떤 범주 같은 것을 마련하고 싶어진다. 그러한 대상들 간에는 겉보기엔 아무런 관련성도 없어 보이지만, 치밀한 관찰과 투철한 해석이 주어지는 순간, 마침내 그들을 연결하고 있는 견고한 관련성의 그물이 드러나게 된다. 무의미하게 나열된 것처럼 보이는 현상들 속에서 학자들이 질기고 견고한 연관성의 마디를 발굴해 내는 것처럼, 요리사는 눈앞에 어지럽게 놓여 있는 음식 재료들 속에서 그것들이 가진 개성과 그러한 개성이 직조해 낼 조화를 꿰뚫어 본다. 겉보기에 연관성이 전혀 없어 보이는 재료들일수록 요리의 감동은 더욱 극적일 수밖에 없다.

    그러한 극적인 감동은 때로 엉뚱함으로부터 출발하기도 한다. 철저히 계산된 바 없이 그냥 문득 그러면 어떨까 하고 주어지는 느낌 곧, 어떠한 영감으로부터 놀라운 발견의 서막이 오르기도 하는 것이다. 그러나 내가 경험한 바로는 그러한 영감조차 그냥 주어지는 것은 아니었다. 그리고 설령 그것이 주어진다 해도 그것을 끝까지 추구해 나갈 뒷심이나 열정이 없다면 그것은 다만 한순간의 신기루일 뿐이다.

    사람들은 특히 젊은이들에게 다양한 경험을 강조한다. 그러나 많은 경험 못지않게 중요한 것이 바로 깊이 있는 사색이다. 다양한 경험들 속에서 어떠한 연관성, 의미 있는 고리들을 찾고자 노력하지 않는다면 그것들은 다만 파편화된 기억으로 머물게 된다. 경험 그 자체로는 단편적인 기억일 수밖에 없으나 그러한 단편적인 경험들을 관통하는 그 무언가를 끊임없이 찾고자 노력할 때 우리는 비로소 그 과정 속에서 추상적이지만 본질적인 것을 발견하게 된다. 경험과 사색으로부터 얻은 이러한 깨달음을 끊임없이 갱신해 나가는 자세 또한 필요하다.

요리사가 되려면 많은 요리들을 망쳐 봐야 한다. 학자가 되려면 여러 번 이론을 세웠다가 부술 수밖에 없다. 성숙한 인간이 되려면 많은 시행착오를 겪을 수밖에 없다. TV에서 능수능란하게 요리 시범을 보이고 있는 저 사람도, 강단에 서서 많은 학생들에게 어려운 이론을 쉽게 설명하고 있는 저 사람도, 그리고 불혹의 나이를 넘어 여유 있는 미소를 짓는 저 사람도 분명히 남모를 많은 눈물을 훔쳤을 것이다. 분명히 그랬을 것이라고 난 생각한다.

💬 생각해 보기 💬

- 글쓴이가 다양한 경험 못지않게 치열한 사색을 강조하는 이유는 무엇인가?

- 당신이 겪었던 경험 가운데 가장 인상적인 것은 무엇이었으며, 그러한 경험을 통해 배운 인생의 교훈은 무엇인가?

언어와 사고

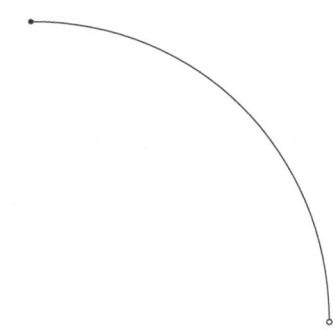

서양 분석철학을 대표하는 비트겐슈타인(Ludwig Wittgenstein, 1889~1951)은 그의 책 『논리철학논고』의 마지막 문장을 다음과 같이 맺고 있다.

"말할 수 없는 것엔 침묵해야 한다."

그러나 그의 『논리철학논고』 자체가 이미 말할 수 없는 것을 말하고 있다. 따라서 그의 말처럼 말할 수 없는 것엔 침묵해야 한다면 그는 말할 수 없는 것엔 침묵해야 한다는 말을 할 수가 없다. 말할 수 없는 것에 대해서도 말할 수 있어야 말할 수 없는 것을 말하지 말라고 주장할 수 있는 것이다.

이와 비슷한 문제는 노자(老子) 철학에서도 등장한다. 그의 『도덕경』 첫머리는 다음과 같이 시작한다.

道可道非常道(도가도비상도)

도를 도라고 말하는 순간, 언어로서의 도는 참된 도를 담아낼 수 없다고 그는 말했다. 그렇지만, 그렇게 될 경우 그의 道可道非常道 역시 참된 이치를 드러내지 못하는 것이 된다.

자신의 주장이 자신에게 돌아와 스스로를 옭아매는 것, 일명 '자기 지시의 문제'이다. 비트겐슈타인과 노자의 주장은 모두 자기 지시의 문제에 빠진다.

두 사람이 이 문제를 해결하는 방법은 의외로 간단하다. 자신의 주장을 정반대로 바꾸면 된다. 즉, 말할 수 없는 것에 대해서도 말할 수 있다. 道可道常道(도가도상도) 즉, 도를 도라고 말하는 순간, 언어로서의 도는 참된 도를 담아낼 수 있다.

두 사람의 주장은 무참히 꺾이지만, 놀랍게도 언어는 살아난다. 언어로 말할 수 없는 게 없으며, 언어는 진리를 드러낼 수 있는 것이 된다.

언어의 해방은 사고의 해방을 뜻한다. 비트겐슈타인과 노자는 둘 다 언어의 한계를 지적하고자 했지만, 그 둘은 언어의 한계를 전하는 것조차 언어의 손을 빌려 하고 있다. 두 사람은 언어의 한계를 지적하고자 했지만 실은 사고의 한계를 지적하고 있는 것이다.

의외로 우리는 누가 뭐라 하지 않는데도 무엇에 대해 한계 짓는 것을 즐겨 하는 것 같다. 그래서인지 자기 자신의 한계를 스스로 정해 버리는 것조차 주저함 없이 '나는 이런 사람이야.', '나는 이런 사람이 아니야.' 하고 쉽게 단정하고 또 그런 사람을 자신을 잘 아는 사람으로 치켜세우기도 한다.

제한하자 말자. 한계 짓지 말자. 어리니까, 학생이니까, 여자니까, 나이 들었으니까, 선생님이니까, 남자니까 이러저러해야 한다, 하지 말아야 한다고 하지 말자. 개념과 범주는 편의상 나누고 설정한 것이지 절대 진리가 아니다. 언어에 매이지 말고 언어도 매어 두지 말고 자유롭게 사유하고 쓰자.

제한 없는 언어, 한계 없는 생각, 그것이 표현의 자유이다. 우리는 과연 그런 세계 속에 살고 있는가? 나는 과연 그런 세계 속에 살고 있는가? 내가 만든 세계는 과연 그렇게 되어 있는가? 아니면 적어도 그렇게 되어 가고 있는가?

생각해 보기

- 글쓴이가 말하는 '자기 지시의 문제'가 무엇인지를, 노자 철학과 비트겐슈타인의 분석철학을 통해 구체적으로 설명해 보면?

- 당신은 자신의 생각과 말에 한계를 잘 느끼는 편인가? 만약 그렇다면, 그걸 개선하기 위해 어떤 노력을 기울여 왔는가?

이론과 권위

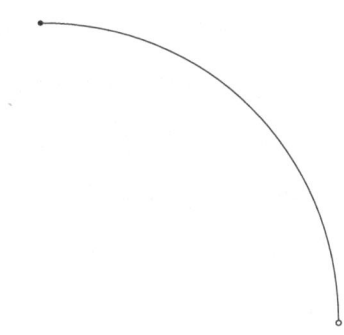

　철학에서 앎을 다루는 인식론의 주요 흐름은 합리주의와 경험주의 그리고 이 둘을 통합하려는 시도이다. 그런데 이제껏 어느 하나도 성공하지 못했다. 만일 합리주의가 옳다면 그것을 주장하는 이들의 결론이 다 같아야 하는데 다르다. 경험주의는 더욱 비참하다. 우리가 아는 것은 모두 경험에서 얻어진다는 기본 전제는 놀랍게도 경험을 통해서는 알 수가 없다. 이 둘을 종합하려는 칸트(Immanuel Kant, 1724~1804)는 물자체는 알 수 없고 감각 경험에 수용된 것만 알 수 있다고 하였는데 감각 경험에 수용된 것이 정말 물자체에 의한 것인지 알 길이 없다.
　철학사에는 발전이란 없다고 한다. 어떤 이는 서양철학사란 플라톤(Plato, BC 427 ~ BC 347)과 아리스토텔레스(Aristotle, BC 384 ~ BC 322)에 대한 기다란 각주에 불과하다고 하였다. 절대적인 진리라는 것도 한 가지 학설에 불과하다. 그것은 상대주의와 짝한다.

허무한 이야기다. 빛나는 별 같은 철학자들의 이야기가 허무하다. 그런데 여기서 허무하지 않은 점이 있다. 그러니 나도 그들처럼 생각하고 글을 쓸 수 있다는 것이다.

철학을 우습게 여기는 것이야말로 진정한 철학이라고 파스칼(Blaise Pascal, 1623~1662)은 말했다. 이미 이루어진 위대한 철학 담론을 불가침의 영역에 두지 않은 채 마음껏 향유하고 비판하며 그 너머에서 사유하고 글을 쓸 수 있어야 한다.

철학사에서 획을 그은 이들도 낱낱의 개인이었고 나도 그와 같은 개인이다. 같은 개인이니 나도 그들처럼 생각하고 글을 쓸 수 있다. 그들이 소신대로 솔직하게 생각하며 글을 썼듯이.

철학사를 살펴보면 적지 않은 이가 현실에 밀착된 채 살아가며 생각하고 글을 썼다. 바슐라르(Gaston Bachelard, 1884~1962)는 집배원을 했고, 스피노자(Baruch de Spinoza, 1632~1677)는 안경 렌즈를 만들었으며, 비트겐슈타인(Ludwig Wittgenstein, 1889~1951)은 시골 초등학교에서 아이들을 가르쳤다.

철학자가 대단해 보여도 그들은 하나같이 모두 일상 속의 개인들이었다. 그걸 알고 나도 그들처럼 내가 되어 사유하고 글을 쓸 수 있다. 그러니 그래야 한다.

모두 다 실패했기 때문에 나도 실패할 수 있다. 그러니 해 보자.

모두가 실패한 상황에서 나는 멋지게 성공할 수도 있다. 그러니 해 보자. 그들처럼 물불을 가리지 말고 일단 그렇게 해 보자.

🗨 **생각해 보기** 💬

- 글쓴이는 '철학을 우습게 여기는 것이야말로 진정한 철학이다'라는 파스칼의 말을 인용하였는데, 그걸 '언어학'에 적용하면 어떻게 되는가? 그리고 그것이 의미하는 바를 학문의 차원에서 음미해 보면?

- 당신은 대단한 학자나 이론을 그대로 따르기만 하면 된다고 생각한 적은 없는가? 그렇게 하면 학문이 발전할 것이라 생각하는가?

기획과 시간

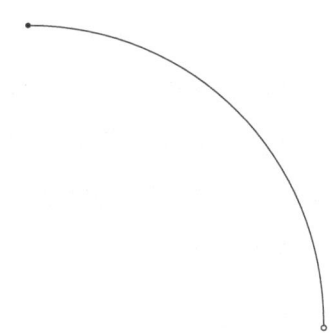

연구년을 떠나기 전까지 계속 위기라는 말이 머릿속에 맴돌았다. 강의와 연구에 더하여 학과장을 비롯한 대학의 중요 보직을 수행하느라 눈코 뜰 새 없이 바빴다.

석사 과정부터 줄곧 연구의 바탕이 돼 온 것은 촘스키(Noam Chomsky, 1928~)의 보편문법인데 그는 90세에 가까운 고령에도 여전히 현역으로 활동하고 있었다. 언제까지 따라가야 하는지, 그 다음은 어떻게 할 것인지 막막했다.

대학 때는 60kg도 안 되었지만 결혼 후 계속 불어난 몸무게는 80을 훌쩍 넘어 건강까지 위협했다. 일과 연구, 건강까지 내게 모두 적신호를 보내고 있었다.

연구년은 내게 탈출구였다. 7년마다 주어지는 휴식기. 생애 처음 1년 동안 아무 제약 없이 오롯이 내 시간을 가질 수 있었다. 영국 런던으로 대학을 정하고 준비를 하였다.

출국을 앞둔 어느 날 TV에서 갑자기 들은 건 기대 수명 얘기였다. 난 그때까지 대략 7, 80 정도로 생각했는데 앞으로 100살까지 수명이 늘 거란다. 거 참, 별생각 없이 흘려들었다.

런던 도착 후 짐을 풀면서 BBC에서 또 듣는 건 기대 수명이 앞으로 120살이란 얘기였다. 좀 어안이 벙벙했다. 길게 잡아도 80이라 생각했는데 120까지 살 수 있다니.

당시 40대 초반이었으니 120살이면 이제 겨우 3분의 1을 지난 것이었다. 아직도 80년이 남았다고 생각하니 마음이 설렜다. 다시 인생을 설계해도 된다.

그때부터 삶을 길게 보고 인생 계획을 다시 짜게 되었다. 남은 인생 30여 년이면 남의 이론 대충 따라가도 될 듯했는데, 아직도 80년 가까이 남았다면 이제 내 독자적인 이론을 꾀해 봐도 될 것 같았다.

독일의 철학자 가다머(Hans-Georg Gadamer, 1900~2002)는 1900년에 태어나 그의 역작 『진리와 방법』을 60세에 내놓았다. 2002년 타계까지 100여 년을 살면서 철학적 해석학을 정초하고 하버마스(Jürgen Habermas, 1929~), 데리다(Jacques Derrida, 1930~2004)와 세기의 논쟁을 벌였다.

촘스키를 맹신하던 여느 태도를 버리고 나만의 언어학으로 가다머처럼 인생 60에 학문의 획을 긋고 세계의 석학들과 호흡하고 싶어졌다. 곧 실행에 옮겼다. 그 결과 지금 새로운 언어와 언어학을 발굴하고 있다.

돌아와 마주한 우리 대학의 현실은 암담했다. 자신의 예상 수명 질문에 학생들은 70, 50 하더니 급기야 20까지 들었다. 120을 얘기했더니 쓴웃음을 지으며 그렇게까지는 살고 싶지 않다고 했다.

하고 싶은 일도 잘 모르겠고 먹고 살 길도 막막하다 했다. 나에게처럼 그들에게도 휴식기가 필요해 보였다. 긴 안목에서 다시 인생을 바라본다면 지금과는 다른 자신과 미래를 발견하고 설계할 수 있을 텐데.

내일 지구가 멸망할지라도 오늘 한 그루의 사과나무를 심겠다는 말을 이제 이해할 것 같다. 내가 언제 죽을지는 모른다. 그러나 120년을 살 것처럼 인생을 계획하고 내일 죽을 것처럼 오늘을 살면 되는 것이다.

💬 생각해 보기 💬

- 글쓴이가 인생의 계획을 다시 짜고 새로운 연구에 착수하게 된 이유는 무엇인가?

- 당신은 본인의 수명이 얼마나 되리라 생각해 왔으며 그걸 기준으로 할 때 현재 몇 퍼센트나 산 셈인가? 만약 본인의 예상보다 기대 수명이 더 길어진다면 인생의 계획을 수정할 것인가?

연구의 희열

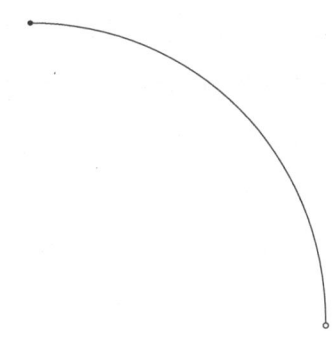

대학 부설 어학당 부원장을 갑자기 맡게 되었다. 원장을 맡은 교수님께서 갑자기 큰 병을 얻게 되어 내게 부탁하신 것이다. 큰일이었고 쉽게 맡길 일이 아니었으며 궂은일이었다. 대학마다 사정이 다르겠지만 그렇게 보직을 한다고 해서 상응하는 보상이 주어지는 것도 아니었다. 남들 연구할 때 비즈니스로 동분서주해야 한다. 정말 내가 맡아야 하는지 재차 여쭈어 보았지만 답은 한결같았다. 아프신 선생님을 내가 도울 수 있는 것은 그 방법밖에 없을 것 같아 눈을 질끈 감고 아내에게 그렇게 맡게 된 경위를 자세히 설명했다.

대학이 두 학기라면 어학당은 봄, 여름, 가을, 겨울의 네 학기로 구성된다. 두 달여 수업이 진행되고 3주 정도씩 방학이 간격을 띄운다. 대학마다 사정은 다르지만, 우리 대학의 경우 많을 때에는 한 학기에 천 명이 훨씬 넘는 유학생들이 와서 한국어를 배웠다. 두 명의 조교수급 전임강사를 포함하여 오십 명 이상의 강사와 열 명 이상의 직원이 독립된 건물에서 근무를 했다. 수입과 지출 규모도 어마어마하고 교육뿐만 아니라 각종 정부 교육 사업을 수주하거나 위탁받아 진행했다. 교육부, 문체부, 법무부, 여가부 등과 교류가 잦았다.

원장 대행 부원장을 맡아 네 학기마다 정규 과정의 졸업식과 입학식을 대강당에서 거행하고 수시로 찾아오는 외국 손님들과 만나 다과나 식사를 나누며 밤늦게까지 환담을 이어갈 때도 많았다. 강사와 직원의 선발과 평가, 사람들 간의 관계 조율, 예상치 못한 사건과 사고의 처리도 매우 중요한 기본 업무였다. 정규 과정, 단기 과정, 특별 과정의 입학식과 졸업식에 참석하여 증서나 상장을 수여하는 것만으로도 일정이 바빴다. 육십 명의 교직원을 진두지휘하며 천 명의 고객을 상대하는 업무를 그렇게 갑자기 맡게 된 것이다.

월요일부터 일요일까지 사시사철 일해야 하는 그런 보직을 맡은 지 1년 만에 3주에 걸친 휴가를 떠나게 되었다. 이미 대학은 여름방학 중이었고 어학당도 3주간의 꿀 같은 방학에 막 접어든 때였다. 아내의 친정이 있는 영국으로 일단 날아갔다. 예나 지금이나 휴가나 여행 일정은 아내 몫이었다. 미국과 일본을 비롯하여 특히 유럽 쪽은 안 다녀 본 데 없을 정도로 두루 섭렵하고 있는 터라 감히 내가 나설 일은 아니었다. 그때도 아내가 나름대로 알차게 휴가 계획을 짰다. 3주 중 첫 주는 런던, 그 다음은 파리, 마지막은 다시 런던에서.

아내는 고향에 돌아와 친구들 만나느라 일단은 매우 바빴다. 초등학교 시절부터 우의를 다져 온 의리 있는 그 친구들을 나 역시 많이 좋아한다. 사람을 알려거든 그 친구를 보라는 말이 있는데 정말 진실하고 유쾌한 사람들이다. 나는 뭘 할까 잠시 고민하다 그동안 일 때문에 미뤄 두었던 연구 거리를 꺼내 들었다. 하루 중 밥 먹고 화장실 가는 거 빼고 거의 연구에만 매달렸다. 영국의 전형적인 삼층집 맨 위층에 다행히 나 혼자 쓸 수 있는 방이 하나 있었다. 거기서 시간 가는 줄 모르고 연구에 빠져들었다. 이게 얼마 만인가. 꿈만 같았다.

부원장을 갑자기 맡기 바로 전까지 무려 17년 동안 연구해 오던 주제가 하나 있었다. 단어와 문장이 머릿속에서 만들어지는 과정에 개입되는 양자역학의 불확정성 원리에 관한 것이다. 언어학과 물리학을 나름대로 접목해 보려는 그 시도는 석사 1학기 때부터 관심을 가져오던 것이었는데 거의 내 모든 언어학적 지식을 총동원하여 정밀한 이론의 체계를 수립하는 것이었다. 기존의 촘스키 언어학에 바탕을 둔 것이었으나 결과적으로는 그것을 넘어서는 나만의 독창적인 새로운 이론의 수립이었다. 바로 그걸 일단락 짓는 작업이었다.

밤낮없이 연구에 몰두하였다. 아내는 친구들 만나고 런던 중심가에서 쇼핑하는 것으로 휴가 초반을 계획했다. 내게도 혼자 숨쉴 수 있는 여유를 허락한 것이다. 이제 나는 한 마리 자유로운 새가 되어 언어의 세계로 침잠해 들어갔다. 하루에 두세 시간만 자고 연구를 했는데 정말 잊을 수 없는 순간에 다다랐다. 현재의 문장과 그것을 구성하는 단어를 그 시원을 따라 추적하여 올라가다 보니 정말 단어가 처음 만들어지는 순간에까지 거슬러 올라간 것이다. 우주에 대한 연구라면 아마도 빅뱅이겠다. 언어의 비밀한 순간이 열리는 찰나였다.

기존의 단어 연구는 복합어에 대한 연구들이 거의 대부분이었다. 복합어란 두 개 이상의 형태소로 구성된 단어인데 다시 어근들로만 이루어진 합성어, 거기에 접사가 개입된 파생어로 나뉜다. 내가 천착해 들어간 단어는 단일어, 그러니까 단 하나의 형태소로 된 단어였다. 이미 있는 두 개의 형태소를 모아 만드는 것이 복합어라면, 단일어는 존재하지 않던 것이 드디어 하나의 단어로 존재하게 되는 국면이다. 유에서 유의 창조가 아니라 무에서 유의 창조가 바로 단일어 형성이다. 그걸 그때 천착해 들어갔다. 언어가 드디어 입을 열었다.

연구의 초기에는 단어 가운데 정상적인 것이 있고 정상에서 일탈한 것이 있다고 생각했다. 그렇게 이단아로 찍힌 단어들을 더 정밀하게 고찰하다 보니 단어 자체가 비정상이 아니라 단어들을 규정하는 개념 연쇄에 불확정성이 작용하고 있음을 알게 됐다. 그런데 더 자세히 들여다보았더니 단어와 문장이 만들어지는 언어의 인지체계 자체에 불확정성이 편재(遍在)하고 있었던 것이다. 1년 전에 발견한 게 거기까지였다.

문제는 그다음이었다. 왜 언어의 인지체계에 불확정성이 개입하여 두루 존재하게 되었을까? 왜 언어는 그런 모습을 가질 수밖에 없었을까? 왜? 그것은 더욱 다양한 언어단위들을 산출해 내기 위해서였고, 인지체계의 효율을 극대화하기 위해서였다. 언어는 가장 다채로운 모습을 띠면서도 가장 경제적으로 운용되기 위해 원자핵 주변을 도는 전자처럼 불확정성을 지니게 된 것이다. 그걸 깨닫는 순간 몸이 떨렸고 눈을 뜰 수 없었으며 새벽을 여는 동쪽 해로 내 얼굴은 붉게 물들었다. 언어가 은은한 미소로 고백하는 순간이었다.

녹초가 되어 유로스타를 타고 파리로 갔다. 여행 숙소에는 큰돈 들이길 싫어하는 아내 덕분에 묵게 된 매우 저렴한 숙소는 나를 더 지치게 만들었다. 그러나 몸은 힘들어도 마음만은 기쁨에 취해 아무래도 좋았다. 열흘간의 파리 여행에서도 숙소에 돌아와 잠잘 때까지의 시간 중 일부는 논문의 마무리에 쓰였다. 처음엔 나도 미안하고 아내도 좀 툴툴거렸지만 이게 얼마나 중요한 연구인지를 설명하고 난 뒤로는 이해해 주었다. 도저한 사고 실험을 통해 무에서 유가 만들어지는 그 순간으로 떠난, 휴가 중의 휴가, 여행 중의 여행이었다.

💬 **생각해 보기** 💬

- 글쓴이가 말하는 휴가 속의 휴가는 무엇인가?

- 당신은 그동안 살아오면서 먹고 자는 것을 잊을 만큼 빠져든 일이 있는가? 있다면 무엇인가? 그런 게 없다면, 혹시 지금 이 순간 그래 보고 싶은 일은 있는가? 있다면 무엇인가?

IV

교육

기대와 현실
교육과 계발
개론과 괴론
강의와 학습
대학의 수업
교사의 역할
정면의 승부

기대와 현실

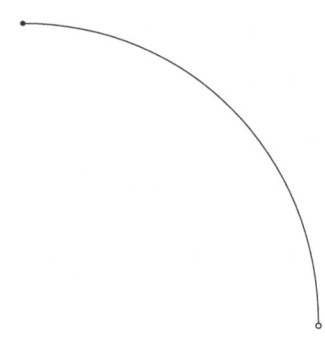

내 나이를 일곱 살 때 처음 알았다.

그날 나는 친구에게서 빌려온 가짜 종이돈을 가지고 놀았다. 어디선가 불현듯 아버지가 등장하고 내 나이가 몇이냐고 다정히 물으셨다. 나는 나이가 뭐냐고 반문했다. 표정이 바뀌고 당장 나가라며 호통을 치셨다.

소리에 놀라고 질문에 당황하여 울면서 팔다리를 바삐 놀려 뒷산으로 도망치고 있었다. 그렇게 도망치는 나를 불러 세운 것은 할머니였다. 왜 그러냐고 하셔서, 자초지종을 얘기했다. "아이구, 이놈아!"

할머니가 말 못하는 짐승 대하듯 나를 불쌍히 쳐다보시던 게 지금도 눈에 선하다. 다음부턴 "네 나이가 몇이냐?" 물으면 "내 나이는 일곱 살!" 이렇게 대답하라 가르쳐 주셨다. 집에 돌아가도 된다 하셨다. 다행이었다.

아버지 막걸리 심부름 다녀올 때도 "내 나이는 일곱 살!", 한 달 동안 그렇게 외우고 다녔다. 누나는 이미 초등학교를 다니고 있었고 동생은 유치원에 나가고 있었으나 어중간한 나는 어려운 형편에 그냥 집에 있었다.

나이도 몰랐지만 글자도 몰랐다. 내 이름을 쓸 수 있었던 건 초등학교에 입학하고 나서다. 아무도 아무것도 가르쳐 주지 않았고 나는 짐승을 벗 삼아 흙에서 뒹굴며 하루에 말도 몇 마디 못 나누고 혼자 놀았다.

그러나 이미 나는 다섯 살의 나이에 지는 해를 바라보며 인생의 유한함을 혼자서 깨달았다. 시시하게 숫자 몇 개 알고 모르는 게 나에게는 그리 중요한 게 아니었다. 나를 둘러싼 모든 것에 혼자 질문하고 혼자 답했다.

아버지의 기대와 현실은 달랐다. 나의 현실과 기대도 달랐다. 아버지의 기대는 나의 현실과 달랐고, 아버지의 현실은 나의 기대와 달랐다. 아무도 나의 현실과 기대를 가늠하지 못했다. 상관없었다. 그저 불편했을 뿐.

아이 교육에 관해 나와 아내는 매우 관대하다. 철저히 아이에게 맞추어 교육한다. 누가 보면 방치하는 것처럼 보일 수도 있다. 아이에게 벌써 한글 떼라 알파벳 떼라 강요하지 않는다. 몇 살이냐

다그쳐 묻지도 않는다.

그저 아이가 관심을 가지는 것을 잘 관찰하여 그것에 더 관심을 가지고 즐길 수 있도록 해 준다. 아이는 자동차를 가지고 한 시간을 놀 수 있고, 그림책을 가지고 두 시간 가까이 혼자 놀 수 있다.

나처럼 아이도 학교 가는 걸 매우 좋아한다. 또래 아이들처럼 미리 배운 바가 거의 없으니 학교에서 배우는 게 모두 다 새롭고 신기하기만 하다. 유치원 다닌 후로 날로 달로 어휘력과 사고력이 느는 게 보인다.

한 아이가 무엇이 될지는 아무도 모른다. 제 나이도 모르는 애가 대학 교수가 되어 새로운 학문을 개척할 줄은 아무도 몰랐을 것이다. 나도 내 아이가 무엇이 될지 모른다. 그래서 아이를 미리 재단하지 않고 존중한다.

내 아이는 제 나이가 몇이라는 것에 대해 별로 관심이 없다. 나도 그렇다.

생각해 보기

- 글쓴이가, 올바른 아이 교육이라고 말하는 것은 무엇인가?

- 당신은 이제까지 제대로 존중받으며 교육받은 적이 있는가? 있다면 언제인가?

교육과 계발

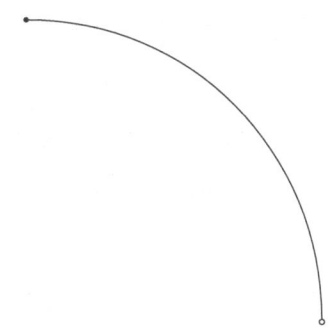

계절마다 열리는 학술대회는 대학원 시절 일종의 축제 같았다. 거기서는 책이나 논문에서만 보던 국내외의 교수나 학자, 연구자들을 만나 그들의 육성으로 새로운 생각들을 들을 수 있는 자리였다. 또 비슷한 것을 공부하는 다른 학교의 대학원생들과 만나 교류를 할 수 있는 장이었다. 발표를 듣고 밥을 먹으며 즐겁게 이야기했다.

여름과 겨울에 집중되는 전국학술대회는 기획 발표와 일반 발표로 구성된다. 기획 발표는 특정한 주제를 하나 정해 놓고 학계 전문가들을 모셔와 발표를 듣고 질문을 하며 함께 배우는 자리이다. 일반 발표는 자유 주제로 개인이 신청하고 학회의 승낙을 얻어 청중 앞에서 자신의 생각을 밝히고 피드백을 받아 보는 자리이다.

장차 박사논문의 기반이 될 촘스키(Noam Chomsky, 1928~)의 생성문법을 전문으로 취급하는 학회가 있었다. 정회원 대개가 국내 영문과나 언어학과 교수들로서 대부분 미국에서 촘스키나 촘스키 제자들에게 직접 배운 분들이었다. 선망의 마음으로 자리에 앉아 석학들의 강좌나 발표, 토론을 듣노라면 시간 가는 줄 몰랐다. 한 편의 멋진 무대들이었다.

그날도 그런 자리가 마련되었고 학계 석학 가운데 한 분의 기조강연이 있고 나서 객석의 질문이 이어지고 있었다. 어느 한 분이 일어나 자신을 강연자의 대학원 지도학생이었다고 밝히며 말문을 텄다. 한두 가지 질문을 하고 나서 갑자기 원망 섞인 애교를 늘어놓았다. 강연자를 탓하는 말을 한 것이다. 갑자기 귀가 번쩍 뜨였다.

요지는 다음과 같다. 강연자 선생님은 자신의 대학원 지도교수님이셨는데 너무나 자상하셔서 학생이 질문하면 언제나 그 답을 곧장 해 주셨다. 정답을 너무 빨리 알려주셔서 학생 자신이 스스로 찾아 나설 수 있는 기회를 얻지 못했다. 그래서 자신은 세계적인 학자가 되지 못하였다고. 말한 이와 듣는 이들 모두 웃었다.

시간이 지나 내가 박사학위를 받고 나서 유학길에 올랐다. 영국 런던 소재 어느 대학교의 강의실에서 세계 언어학계의 최전선에 서 있는 네덜란드 출신의 젊은 교수에게 당시 출판 중인 그의 저서 내용의 일부를 듣고 있었다. 런던의 대학원에서는 아직 출판되지도 않은 최초의 생각들을 저자들이 직접 강의하고 있었다.

강의는 크게 두 부분으로 나뉘는데 교수의 직접 강의가 lecture라는 이름으로 행해졌고 그것을 풀어 주는 또 다른 수업이 다른 시간대에 tutorial이라는 이름으로 열렸다. lecture에서는 학생들의 별도 질문 없이 일방적으로 교수의 강의가 이어졌고 tutorial이 되어서야 학생들은 교수의 지도학생에게 활발히 질문을 이어갔다.

가장 흥미 있게 강의를 듣던 교수님께 개인 면담을 신청했고 다행히 받아들여져 2주일에 한 번씩 개인 연구실로 찾아가 한 시간 정도 내 연구를 발표하고 코멘트를 받을 기회가 생겼다. 당시 한국어 자료로 언어학을 연구하는 사람이 드물어 받아들여졌던 것 같다. 그때는 영국에서 한국 자체를 아는 이가 드물던 시절이었다.

세계적인 석학에게 개인 지도를 받으러 갈 때마다 감사한 마음이 들지 않을 수 없었다. 나름대로 열심히 발표를 준비해 매번 시원찮은 영어로 떨며 말을 이어갔다. 그런데 그분의 코멘트에는 특징이 있었다. 절대로 답을 알려주지 않았다. 내 생각의 문제점을 다각도로 말해 주었지만 정작 그 해법에 대해서는 철저히 함구했다.

답은 본인이 직접 찾아가는 것. 앞서 얘기했던 국내 학술대회에서 강연자의 지도학생이었던 교수님이 받았던 지도 방식과는 정반대의 모습을 이 영국 대학 교수는 내게 보여 주고 있었던 것이다. 학생 스스로 문제를 풀 수 있는 기회를 주는 것, 학생 스스로가 자신의 내면에서 해답을 이끌어 내도록 도와주는 것. 주입 대신 계발(啓發)이었다.

education을 교육이라고 번역하고, 교육하는 사람을 교육자라고 부른다. 그러나 나는 education을 계발이라 옮기고, 교육자 대신 계발자란 말을 쓰고 싶다. 교육이 계발이 되어야 한다면 교육자는, 아니 계발자는 신중하게 학생을 관찰하고 옆으로 비켜서서 최대한 목소리를 낮추고 말을 아끼며 조언하는 동반자가 되어야 한다.

물고기를 주는 대신 물고기 잡는 법을 가르쳐야 한다고들 말한다. 그런데 그 물고기 잡는 법조차 스스로 알아내게 만들어야 한다. 자신의 소질을 스스로 이끌어 내도록 해 줘야 한다. 잘하고 있어. 아니, 방식을 좀 바꿔 봐. 다른 선택지를 고려해 보는 게 어떨까. 정답은 나도 몰라. 오로지 너만 알고 있지.

진정한 가르침, 계발은 쉽지 않다. 그러나 그래야 노벨상도 현실이 되고 세계적인 학자도 나오게 된다. 우리는 너무 급하다. 답만 빨리 알면 된다고 생각한다. 이제까지는 그게 통했을 수도 있다. 앞서 가는 이를 따라잡기 위해서는 그래야 했을 수도 있다. 그러나 이젠 바뀌어야 한다. 교육은 주입이 아니라 계발이어야 한다.

생각해 보기

- 글쓴이가 말하는 진정한 교육이란 무엇이며 어떻게 하는 것인가?

- 당신이 이제까지 생각해 온 교육이란 무엇이었으며, 그에 관한 본인의 지금 생각은?

개론과 괴론

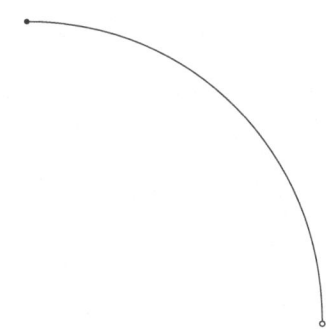

2016년에 언어학 개론서를 내었고 올해로 3쇄를 찍었다. 처음 그 책이 나왔을 때 고마운 분들께 보내드렸다. 나를 키워 주셨던 그분들은 다른 이들을 키우는 데 그 책을 쓰시기도 했다. 그러다 어느 자리에서 한 분이 간단히 서평을 하셨다. "책이 아주 쉽던데? 대학원에서 교재로 썼는데 하나도 안 어려워." 그 이야기를 들더니 다른 대학에 계시는 분이 그럼 당신도 그 책을 유학생들에게 읽히겠다고 하신다. 부족한 책을 써 주신다니 감사한 마음이 앞섰지만 뒷맛은 그리 개운하지 않았다.

학계에서는 이상하게도, 어려운 책이 주목을 받는다. 심지어 개론 과목 책마저 그렇다. 나도 학부 시절 개론서를 자발적으로라도 많이 사 봤는데 특히 의미론 개론서를 보고 혀를 찼다. 개론서가 아니라 괴로운 책이었다. 그래서 이후 그런 책을 속으로 의미론

괴론서라 부른다. 그 책 말고도 다양한 괴론서들이 있다.

과연 이분은 이걸 잘 알고 쓰셨을까? 지금도 그렇게 묻고 대답도 같다. 아니다. 잘 이해했다면 그렇게 쓸 수 없다. 소화가 안 된 내용은 쉽게 풀어지지 않는다. 정말 어려운 내용도 정말 쉽게 말하고 쓰는 게 실력이다. 깊이 음미하여 내 것이 되었다면 그렇다.

책만 그런 게 아니다. 가르치는 것도 그렇다. 어렵게 가르치면 실력이 좋은 줄로 아는 것 같다. 쉽게 가르치면 질문이 많아진다. 교수라고 해서 전공 분야의 문제들을 다 풀 수 있는 건 아니다. 허를 찌르는 질문이 들어오면 말문이 막히고 얼굴이 붉어지기도 한다. 괴로운 순간이다. 이 순간을 모면하려면, 아니 원천 봉쇄하려면 방법은 간단하다. 매우 어렵게 가르치면 된다. 보통 사람은 감히 범접할 수 없다는 기분이 들도록.

세상에서 가장 유명한 학술지로는 당장 『네이처(Nature)』나 『사이언스(Science)』를 들 수 있다. 학자에게 『네이처』에 논문 한 편 실린다는 건 평생 있을까 말까 한 일, 기대하기조차 어려운 행운이다. 거기에 실린 언어학 논문 가운데 하나는 언어의 기원을 추적하면서 전 세계 언어의 모음과 자음을 비교하여 공통점이 가장 많은 것을 언어의 시원으로 잡아 나간다. 정말 간단한 개념과 방법으로 어마어마한 일을 해 낸 것이다. 학부 1학년 수준의 지식만으로도 할 수 있었던 연구. 우리는 왜 그렇게 하지 못하는 걸까?

언어학 괴론서가 계속 인정을 받는 한, 그런 성격의 강의가 이어지는 한, 『네이처』에 실리는 멋진 논문도, 노벨상도 쉽게 기대하기는 어려울 것이다. 어렵게 쓴다고, 어렵게 강의한다고 학문의 위용이나 학자의 권위가 서는 것은 아니다. 정말 대가의 강의를 들어보면 그리도 쉽고 잘 이해될 수가 없다. 연구년 때 들은 케임브리지에서의 그 노학자의 강연을 잊을 수가 없다.

어떤 인터넷 서점에서 내 책에 대한 구매자 평을 보게 되었다. "전에 언어학 관련 도서를 읽은 적이 없는데 어렵지 않게 읽을 수 있어서 좋았다." "비전공자에게도 쉬우면서 알차게 읽힌다." 그날 하루 종일 두근거리는 마음이 잘 가라앉지 않았다.

언어학 개론이나 국어학 개론을 가르친 지 십여 년이 흘러 그 책을 집필하게 되었다. 내 책으로 강의하니 그 자체로 좋았지만, 그 책을 가지고 강의하면서 학생들이 언어학이나 국어학이 별 거 아니라는 걸 깨닫고 자신들도 얼마든지 언어의 세계에 직접 뛰어들고 빠져들 수 있다는 걸 깨우쳐 주었을 때 정말 기뻤다. 그들은 두 번의 최고 강의 평가로 나를 응원했다.

어떤 학자가 말했다. 시간이 없어서 글이 길어지게 되어 미안하다고. 시간이 많았다면 생각을 좀 더 다듬어 더욱 간결하고 쉽고 명확하게 쓸 수 있었을 텐데 그러지 못해서 미안하다고. 그걸 미안하게 여길 줄 알고, 더 이상 미안하지 않은 책으로 미안하지 않게 강의를 하는 때가 우리에게도 얼른 왔으면 좋겠다.

🗨 **생각해 보기** 💬

- 글쓴이가 말하는 진정한 강의와 교재는 어떤 것인가?

- 당신이 이제껏 들어온 수업 가운데 정말 쉬우면서도 매우 깊이가 있었던 것은 무엇인가?

강의와 학습

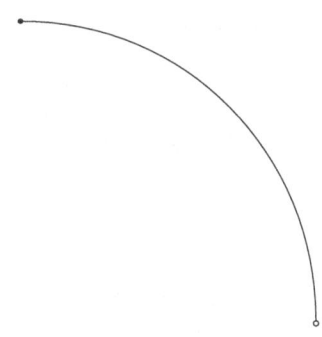

텍스트 언어학의 제일 명제는 모든 텍스트는 어떤 질문에 대한 대답이라는 것이다. 따라서 교재의 내용도 질문과 대답의 짝으로 모두 해체 가능하다. 질문은 단답식도 가능하고 논술처럼 긴 답을 요구하는 것도 가능하다. 질문이 너무 많아도, 너무 적어도 좋지 않다. 해 보니 책의 한 장, 논문 한 편에 대략 열 문제 전후로 나오는 것 같다.

그렇게 추출된 질문을 모아 학기 시작하기 전에 학교에서 제공하는 온라인 수업 정보에 모두 올린다. 학생들은 교재를 구입하여 미리 문제들을 풀면서 교재의 핵심 내용을 파악할 수 있다. 그게 예습에 해당한다. 매 수업 시간마다 학생들은 진도 나갈 부분에 대해 문제를 풀어오고 수업 시작하면 조별 토의를 통해 각자 찾아 온 답들을 맞추어 본다.

그렇게 조별 토의에서 학생들은 설익은 생각일지라도 서로 답을 맞춰 보며 이해를 도모하게 된다. 교재 내용을 집에서 한 차례, 수업 와서 조별 토의로 또 한 차례 익히게 된다. 문제를 미리 풀어 오지 않으면 돌아가며 답을 얘기하는 조별 토의에 제대로 참여하기 힘들다. 정신 건강을 위해, 조별 활동에서 살아남기 위해 반드시 예습하게 된다.

수업이 세 시간이라면 조별 토의는 한 시간, 교수와 학생 간 일대일 질의응답은 두 시간이다. 조별 구성원들은 순번이 매겨져 있어 가령, 1번 문제는 1조의 첫 번째 사람이, 2번 문제는 2조의 첫 번째 사람이 하는 식으로 돌아가며 문제를 읽고 답을 말한다. 문제마다 교수는 답의 정오를 확인해 주고 추가 질문으로 심화 학습을 유도한다.

이렇게 해서 수강생은 예습, 수업을 통해 총 세 차례 교재 내용을 반복 학습하게 된다. 조별 인원은 적게는 두 명, 많게는 열 명까지 가능하고, 조의 개수는 제한이 없어 이십 명, 백 명 정원에서도 동일한 수업 집중도와 조별 토의, 교수-학생 간 질의응답이 가능하다. 이런 수업에서 수강생은 전혀 졸 수가 없고 일대일 질의응답은 개인 발표의 성격을 지닌다.

이는 런던대학교의 대학원 교육학과 수업 방식을 벤치마킹해 만든 것이다. 연구년에 개발한 이후 2016년부터 실시해 왔는데 2018년, 2020년 두 차례 내게 최고의 강의 평가를 안겨 주었다.

내가 만든 교재이든 남이 쓴 책이나 논문이든 상관없이 문제를 추출하여 반복 학습을 이끌어 낼 수 있다. 학생들이 공부하지 않을 수 없는 수업이 된다.

성공적인 학습의 열쇠는 예습과 반복이다. 핵심 문제는 이 둘을 가능하게 하며 대개가 교재에서 쉽게 찾아진다. 답에 대해 조별 토의에서 개인적인 해석들을 나누며 학생들의 창의성은 극대화된다. 뭔가 알고 수업에 참여하므로 학생들의 자신감과 성취도가 높아진다. 교수와 학생이 일대일로 묻고 답하기에 인원이 많아도 개개인과 모두 교감할 수 있다.

야외 수업도 가능하다. 칠판이 없어도 핵심 질문과 답이 있기에 장소의 구애를 받지 않는다. 여건이 허락하는 대로 교내의 벤치나 옥상정원, 아니면 버스를 타고 가까운 공원에서 피크닉 온 기분으로 조별 토의와 이어지는 전체 질의응답을 진행할 수 있다. 때로는 행인들도 가다가 걸음을 멈추고 귀를 기울이기도 한다.

수업은 재미있어야 한다. 긴장감도 필요하다. 학생 개개인이 발언할 수 있어야 한다. 확신하지 못하는 답을 가지고 불안하지만 제한 없이 학생들끼리 토의할 수 있어야 한다. 장소나 교구에 구애됨 없이 오로지 생각만 가지고 생각을 나눌 수 있어야 한다. 정답은 없다. 함께 찾아가는 길만 있을 뿐. 학부와 대학원 수업은 그래서 매번 흥미진진할 수밖에 없다.

◗ **생각해 보기** ◖

- 글쓴이가 성공적인 수업을 위한 3요소 및 그 전제로 제시하는 것은 무엇인가?

- 당신은 예습과 복습 중에 무엇이 왜 더 중요하다고 생각하는가?

대학의 수업

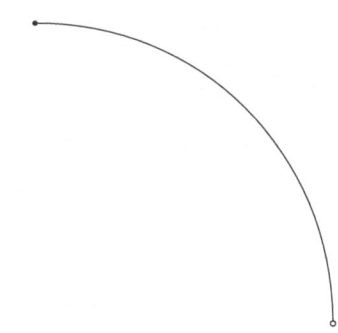

　이번 학기에는 학부에서 한국어 의미화용론 한 과목을 가르친다. 1학기에는 국어학 개론과 한국어 통사론, 그리고 2학기에는 그렇게 한 과목이다. 대학원 과목들까지 합치면 더 많아지지만 학부 과목만은 그렇다.
　코로나 상황이 매우 엄중할 때 2학기가 시작되고 전면 비대면 수업이 결정되었다. 이십 명이 넘는 내 수업도 비대면으로 시작했다. 어떻게 하면 더 좋은 수업이 될 수 있을까 고민하다가 일종의 '거꾸로 수업' 방식을 채택했다.
　거꾸로 수업은 학생들이 미리 해당 내용을 다 접하고 수업에 와서는 궁금한 점, 중요한 점 위주로 공부하는 것이다. 무언가 알고 수업에 오므로 이해도, 집중도 모두 높다. 준비가 좀 필요해서 그렇지 꽤 의미 있는 방식이다.

기본 수업은 동영상으로 만들어 인트라넷에 올려놓고, 질의응답을 위한 보조 수업은 줌(Zoom)을 통해 진행했다. 그런데 수강생들이 동영상 강의는 꼬박꼬박 듣는데 실시간 줌 강의 참여는 저조했다.

어떻게들 공부하나 무척 걱정이었는데 중간고사 결과를 보니 그리 나쁘지 않았다. 그런데 왜 실시간 수업 참여는 안 할까? 의무가 아닌 이유도 있겠지만 학생들에게 물어보니 동영상 강의만으로 충분해서 그렇단다.

기본 동영상 강의가 그리 나쁘지 않았다니 일단 다행이었다. 그러나 실시간 비대면 보조 수업도 나름대로 의미가 있을 거라 생각했기에 좀 아쉽고 섭섭한 마음도 들었다. 꾸준히 참여하는 학생은 단 한 명뿐이었다.

같은 단과대학의 다른 학과 학생이었다. 그렇게 한 명의 학생을 두고 두 달 동안 줌으로 수업하다가 전면 대면 수업으로 바뀌어 강의실에서 만나게 되었다. 수강생 규모를 고려하여 큰 강의실이 배정되었는데 둘뿐이었다.

비대면에서 대면 수업으로 전환하라 했지만 급작스런 방식 교체로 초래될 혼란을 최소화하기 위해 기본 학습은 동일하게 유지하고 보조 수업만 한 시간 대면 수업으로 진행하기로 했다. 수강생들 모두 아무 이견 없이 따랐다.

줌으로 수업할 때와 마찬가지로 대면 수업에서도 단 한 명의 그 학생은 수업 때마다 몇 가지 깊은 질문을 가지고 왔다. 그런데 다른 학생들처럼 그 학생도 그만 질문이 없어지고 말았다. 그런데도 수업에 왔다.

한 시간 정도 이루어지는 대면 수업 시간에 한두 개의 질문에 대한 답은 금방 주어지기 마련. 나머지는 사실상 인생 수업이었다. 대학에서의 공부와 생활, 진로에 대한 고민과 장차 사회인이 되기 위해 갖추어야 할 것들.

지난주 수업 때 학생에게 물었다. 코로나 상황인데 학교 다니는 거 같으냐고. 현재 3학년인 그 학생은 사실상 코로나 전과 후가 그렇게 다른지 잘 모르겠다고 했다. 진지한 학생이라 나도 진지하게 들었다.

대학 다니는 것 같으냐고 다시 물었다. 그랬더니 내 수업 듣고 나서부터 대학 제대로 다니는 것 같다고 말했다. 학생을 굳이 익명으로 소개하는 것도 바로 이 이유에서다. 소속 학과 교수님들이 들으신다면 그다지….

왜 그렇게 생각이 되었느냐고 물었다. 대학에, 학문에, 인생에 대해 이렇게 얘기를 주고받은 적이 없어서 그런 것 같다고 했다. 정말 놀랐다. 그리고 나를, 현실을 되돌아보게 되었다. 우리는 그동안 무얼 하고 있었던가.

내가 대학을 다녔을 때에는 전공과목 수업보다 책 한 권 읽는 것을 더 쳐 줬다. 다들 비슷한 책으로 시작하다가 각자 저만의 책들로 깊어졌다. 휴가 나온 친구 때문에 수업 빼먹고 높은 학점이 흉허물이 되던 시절이었다.

대학생들과 교수들은 사회 비판에 한 목소리를 내곤 했다. 수업 시간에 교재 진도 나가는 것보다 사회에 대한 비판과 현실 고발, 우리가 앞으로 어떻게 나아가야 할 것인지 고민하고 토론하는 게 더 많았던 것 같다.

그러나 지금 대학의 현실은 학생은 재수강으로 학점 높이고 취업을 준비하느라 바쁘다. 교수는 연구 실적 쌓아 높아진 승진 심사를 준비하고 무수히 쏟아지는 대학 평가에 대비하며 눈코 뜰 새 없이 바쁘다.

이 모두가 정부와 기업이 좋아할 일이었다. 일마다 정부를 비판하던 대학의 목소리를 고이 잠재울 수 있었으며, 기업이 담당해야 할 신입 사원의 교육 비용과 시간을 대학에 떠넘길 수 있게 되었다. 합리적으로 말이다.

왜 누구와 누가 항상 비교되어 평가되어야 하는가? 내가 다닐 때는 절대평가이던 것이 어느 때부터 상대평가로 모두 바뀌었다. 첫 강의에서 평균이 무려 95점에 달해 상대평가 하다가 정말 애먹던 기억이 난다.

오로지 경쟁 속으로만 내몰린 대학에서 생존을 위해 싸우는 교수는 생존을 위해 싸우는 학생에게 더 이상 삶을, 가치를, 인류를 얘기할 수가 없게 되었다. 그러다 보니 정작 대학이 왜 필요한가를 묻는 지경에 이르렀다.

대학은 치외 법권이었다. 그 몇 년 동안은 미친 척하고 폐인이 되어 오로지 친구들과 놀고 책에 파묻혀 삶을 고민하고 가치를 찾고 사회를 고민하다 이리저리 철이 들고 정신이 번쩍 나 뒤늦게 취업을 생각하고 준비했다.

그러나 이제는 대학에 입학하자마자 토익을 들으며 취업을 준비한다. 남보다 더 빨리 더 많이 스펙을 쌓아야 경쟁에서 뒤처지지 않을 것만 같고 철학 책보다는 자기 계발서를 탐독한다. 고등학교 때보다 더 막막하다.

현실은 바로 내 눈앞에 있었다. 내가 가르치는 바로 이곳에서 역시 그런 일이 똑같이 벌어지고 있었다. 그 한 명의 학생을 두고 평소 품고 있던 생각들을 부담 없이 나누게 되었고 그 학생은 진심으로 공감하며 들었다.

이제 대학을 비로소 다니는 것 같다는 말을 들었을 때 놀라웠고 당황스러웠고 기쁘기도 했다. 사실은 2년 전 같은 수업에서 역시 다른 학과 소속의 수강생이 졸업을 얼마 앞두고 비슷한 내용으로 내게 편지를 했다.

"4년간 재학하며 수강했던 과목들 중 가장 '대학 수업' 같았고, 수업 내용 외에도 많은 걸 배우고 느낄 수 있었던 수업이었습니다. 졸업 전에 교수님 강의를 직접 듣고 졸업할 수 있어 정말 뜻깊고 다행입니다!"

그 딱딱하고 추상적이기만 할 것 같은 의미론과 화용론, 단어의 의미와 문장의 의미와 이야기의 의미를 밝히는 학문을 통해 나를, 우리를, 세계를 밝히는 게 그때도 가능했고 지금도 가능하다는 걸 다시 알 수 있었다.

아직 희망은 있다. 생각하지 않는 시대에, 생각하지 못하게 만드는 시대에 생각할 수 있다면, 생각할 수 있는 용기가 있다면, 살아남을 수 있고 남을 도울 수 있고 함께 나아갈 수 있다. 내가 바뀌면 우리가 바뀐다.

오늘도 그 한 명의 학생과 한 시간을 넘겨 이야기를 나누고 왔다. 이번 학기 함께 인생을 논하게 된 그 학생에게 내 언어학 개론서 한 권에 그의 이름과 나의 이름을 써서 주었다. 부디 그 책을 넘어 자신의 책을 쓰길.

🍃 생각해 보기 💬

- 글쓴이가 말하는 대학 수업은 한마디로 무엇인가?

- 당신은 대학에서 학생들이 무엇을 배워야 한다고 생각하는가?

교사의 역할

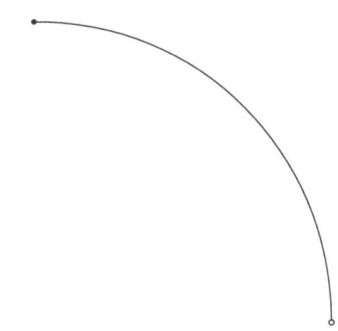

옛날에 드라마나 영화, 특히 무예를 다루는 작품에서 스승이 제자에게 자주 했던 말이다. 그러면, 제자는 "스승님, 아직 아니 되옵니다. 저를 계속 가르쳐 주십시오!"라며 애원한다. "아니다. 가거라." 스승은 냉정히 뿌리친다.

몇 해 전까지 학부 신입생 면접을 맡아 왔다. 면접관 수도 달라졌고 질문 방식도 바뀌었다. 다섯 명이었다가 나중엔 두 명으로 줄었고 공통 질문도 없어져 면접관의 재량이 더 중요해졌다. 변별성과 공정성을 위해 고민이 많아졌다.

역시 공통 질문이 필요했고 이 학과를 지원했다면 반드시 놓치지 말아야 했을 고민들을 중심으로 구성하여 면접 보는 학생들 모두에게 제시했다. 공통 질문에 대한 각자의 대답이 돌아오면 그에 따라 추가 질문이 달라진다.

사범대학의 경우는 무엇보다 교육에 대한 물음을 제기하지 않을 수 없다. 어느 해 이렇게 공통 질문을 만들어 보았다. "교사의 역할이 0에서 9까지 가능하다고 했을 때, 교육의 시작에서는 몇이고 끝에서는 몇이라 생각하는가?"

정답은, 정해진 답은 없다. 본인의 주장과 근거, 논리만 제대로 서면 된다. 어떤 학생은 처음에도 5이고 끝에도 5라 했다. 교사의 역할에는 일관성이 있어야 한다는 것. 어떤 학생은 처음에는 7, 나중에는 3 정도. 물었다, 나중이 1이면 어떻겠느냐고. 그랬더니 그건 안 된단다. 교사도 먹고살아야 한다고. 또 다른 학생은 처음에는 9, 나중에는 0. 왜냐고 하니, 처음에는 교사의 도움이 절대적으로 필요했던 학생도 나중에는 교사의 도움 없이 자립할 수 있어야 한다고 했다.

몇 해 전, 언어의 철학적 탐구를 대학원 수업서 다뤘다. 수강생은 열댓 명 정도. 많지도 적지도 않았다. 깊은 사고와 성찰을 통해 교재를 읽고 행간의 뜻을 밝혀 토론하는 수업이었다. 다들 머리 아파하면서도 논리와 해석에 빠져들었다.

단지 지식을 얻기 위한 수업은 아니었다. 지혜를 닦아 자신의 언어와 삶을 분석하는 데까지 나가기를 바랐다. 수강생 가운데 지도학생 하나가 이메일을 했다. 그 학생은 자신의 삶이 내 수업을 듣기 전과 후로 나뉘게 되었다고 썼다.

내 지도학생으로 배정된 지 첫 학기였고 내 수업도 처음 듣는 것으로 기억된다. 그런 내용을 담담한 어조로 고백하는 학생의 편지를 읽고, 일단은 좀 당황스러웠던 게 사실이다. 적어도 그 학생에게는 뭔가 큰 울림이 있었던 모양이었다.

학기말 종강을 했다. 기말 보고서를 이메일로 받았는데 그 학생도 과제물을 담아 보냈다. 그리고 또 한 번 나를 당황케 했다. 학교를 떠난단다. 이제 비로소 자신이 무엇을 해야 할지 알았단다. 그동안 감사했다고 그렇게 적었다.

제자가 하산했다. 스승이 권하기도 전에 먼저 알아서 하산했다. 0에서 9까지 중 처음엔 9, 나중엔 0. 제일 멋진 대답이었다. 이제 교사 도움 없이 학생이 홀로 설 수 있다면 그 얼마나 멋진 일인가. 이 가을에 제자가, 그 사람이 보고 싶다.

생각해 보기

- 글쓴이는 다음과 같은 질문에 대해 어떤 답이 최고의 답이라고 생각하는가?: '교사의 역할이 0에서 9까지 가능하다고 했을 때, 교육의 시작에서는 몇이고 끝에서는 몇이라 생각하는가?'

- 당신은 교사의 도움 '0에서 9까지' 중 현재 어느 정도의 단계에 와 있는 사람인가?

정면의 승부

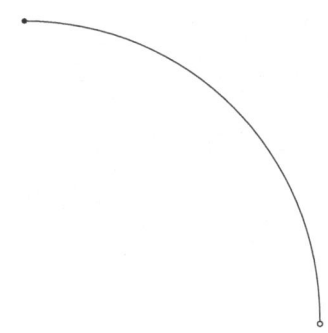

모교의 첫 강의는 작문과 독해였다. 당시에 새로 바뀐 이름은 사고와 표현이었지만 어차피 내용과 성격은 거의 같았다. 신입생반 하나, 재수강반 하나, 그렇게 맡았다.

생기 넘치는 신입생반을 뒤로하고 재수강반을 찾았을 때 나를 맞이한 건, 호의라고는 전혀 찾아볼 수 없는 지친 얼굴들이었다. 대개는 3, 4학년들이어서 대학 강의는 들을 만큼 들었고 글도 써볼 만큼은 쓴, 그러나 철없던 시절 팽개쳐 버린 학점을 그냥 놔둘 수는 없어 온 이들이었다. 반쯤은 책상에 얼굴을 파묻었다.

첫 강의를 마치고 집에 돌아오는 길은 무척이나 멀었다. 나 같은 초짜 강사는 그냥 우습게 가지고 놀 것만 같은 분위기였다. 그날 좀처럼 잠을 이룰 수 없었다. 한 학기가 그저 막막하기만 했다.

개강 첫 주는 금세 가 버렸고 이젠 본격적인 수업이 시작되는 두 번째 주. 뭔가 특단의 조치가 필요했다. 신입생반뿐만 아니라 재수강반을 사로잡아야 했다. 독해와 작문, 사고와 표현, 생각하기와 글쓰기. 재수강반 학생들과 정면승부를 하기로 마음먹었다.

대학에서의 기본적인 글쓰기는 그들에게 별다른 의미가 없었다. 그러나 깊이와 폭을 가진 사유, 그것을 말과 글로 제대로 옮기는 것은 그들에게도 여전히 어렵기만 한 문제였다. 바로 그거다. 그걸 파고드는 거다.

강의 준비로 매번 밤을 새우기 일쑤였고, 학생들도 토론 등의 준비를 위해 적지 않은 분량의 자료를 매주 소화해 와야 했다. 나중에 들은 말이지만, 글쓰기 수업인데 전공 강의 두세 개 정도의 노력이 들었다고 한다.

시간은 흘러 어느덧 종강 시간이 되었다. 학생들의 눈빛에선 더 이상 적의를 발견할 수 없었다. 한 학기 모두들 고생했다는 인사를 끝으로 강의를 마무리했다. 학생들이 다 가기를 기다렸다가, 내가 제일 마지막으로 문을 닫고 나왔다. 나오기 전에 강의실을 한 바퀴 휘 돌아보았다.

엘리베이터 대신 걸어서 1층까지 천천히 내려왔다. 12월 중순의 저녁 7시는 벌써 밤이었다. 계단을 내려와 밝은 로비로 향해 나아갔을 때 나는 걸음을 멈추고 서 있을 수밖에 없었다.

학생들이 가지 않고 로비 중앙을 빙 둘러 서 있었다. 잔잔히 웃으며 그렇게 나를 바라보고 있었다.

💬 **생각해 보기** 💬

- 글쓴이의 모교 첫 강의에서 재수강반 학생들의 첫 모습과 마지막 모습은 어떻게 대조되며, 그 변화의 중심에는 무엇이 있었나?

- 당신이 들었던 수업 중 가장 인상 깊었던 수업은 무엇이었으며, 그 이유는?

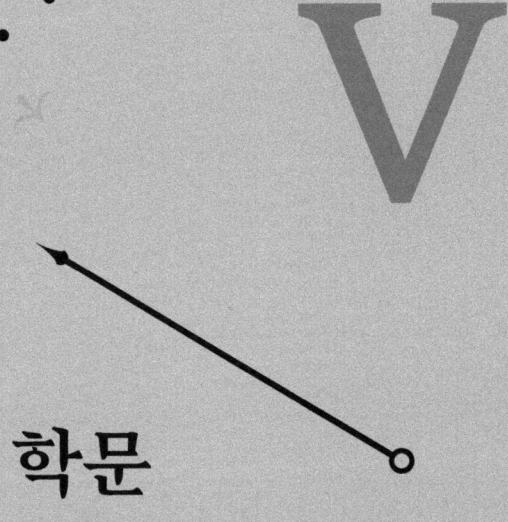

V

학문

학문의 장벽
대상과 관점
스승과 제자
전략과 상식
부정과 발전
일과 학문
학문과 육아

학문의 장벽

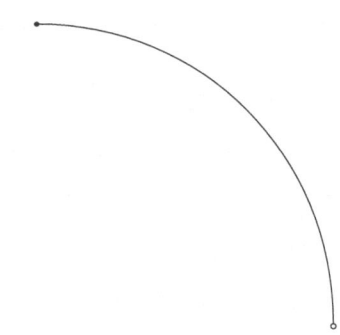

　20세기 언어학은 두 차례 혁명을 겪는다. 1916년은 소쉬르 (Ferdinand de Saussure, 1857~1913)의 『일반언어학 강의』가 출간된 해이고 1957년은 촘스키(Noam Chomsky, 1928~)의 『통사구조론』이 발간된 때이다. 소쉬르는 그 책으로 현대 언어학을 열었고 20세기를 구조주의의 시대로 만들었다. 촘스키는 그 책으로부터 시작한 언어학 혁명을 통해 언어학을 생물학과 심리학으로 해체했다.
　두 사람은 언어학에 혁명을 가져왔다는 공통점뿐만 아니라 세상으로부터 지독히도 인정받지 못했다는 공통분모를 가진다.
　촘스키는 27세의 나이로 미국 MIT대학 교수가 되지만 그가 강의 교재로 쓸 책을 소속 대학 출판부에 의뢰하자 거절당했고 그래서 다른 출판사에도 보냈지만 미국 어디에서도 받아주질 않았다.

결국 네덜란드 헤이그 작은 출판사 무통(Mouton)에서 그 얇은 책을 낼 수 있었다. 책이 나오자 미국의 유력 언어학자가 곧 그 가치를 알아보고 서평을 써 미국에서 언어학 혁명이 일어나게 되었다.

소쉬르는 원래 유명한 역사비교언어학자였다. 그는 언어의 역사와 친족 관계를 밝히는 데 탁월한 성과를 거두었다. 그러다가 시간의 흐름에 따른 언어의 모습을 구성하는 단면 즉, 언어의 공시태를 발견하고 진정한 언어 연구의 출발점은 통시 언어학이 아니라 공시 언어학이라는 생각을 했다. 그러나 당시 그러한 생각이 학계에 전혀 받아들여지지 못할 것이라 생각한 소쉬르는 죽기 전 세 차례에 걸친 강의로 그 새로운 생각을 알렸고 사후 제자와 동료들은 그것을 유고집으로 내었다. 그 책으로 인해 구조주의라는 생각은 20세기 전체를 물들이게 된다.

세기를 흔든 생각들도 처음 나왔을 때는 무참히 짓밟히거나 아무도 거들떠보지 않았다. 소쉬르의 언어학은 성립할 수 없는 것이었고 촘스키의 언어학은 언어학도 아니었다. 내가 이들을 존경하는 가장 큰 이유는 그들의 혁명적인 언어학 내용 자체가 아니라 그들이 보여 준 불굴의 의지 때문이다.

새로운 것을 꿈꾸고 있는가? 불굴의 의지가 없다면 그 생각은 꽃피울 수 없다. 최초의 설움을 극복해야 하는 것이다.

❝ **생각해 보기** ❞

- 글쓴이가 소쉬르와 촘스키를 존경하는 가장 큰 이유는 무엇인가?

- 당신도 무언가 새로운 시도를 하다가 좌절을 맛보거나 설움을 겪은 적 있는가? 만약 그것을 극복해 내었다면 그 원동력은 무엇이었나?

대상과 관점

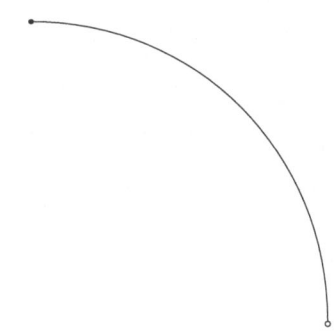

 '훈민정음'은 중의적이다. 책 이름이기도 하고 그 책 속에 담긴 글자 체계이기도 하다. '문법'이라는 말도 중의적이다. 우선은 한 언어의 실제 지식이고, 다른 하나는 그러한 지식에 대한 사람들의 이론이다. 눈앞에 실제 사과가 있고 그걸 그린다고 했을 때, 실제의 사과가 지식으로서의 문법이고, 그림으로서의 사과가 이론으로서의 문법인 셈이다. 상황에 따라 문법은 언어 지식으로도, 그러한 언어 지식을 그려낸 이론 체계로도 읽힌다.

 우리가 손에 쥘 수 있는 건 언어 지식 자체가 아니라 언어 지식에 대한 이론일 뿐이다. 내 입에서 쏟아져 나오는 이 말들의 질서가 무엇인지는, 언어학자들의 논문이나 책에 실린 간접적인 추정들을 통해 가늠할 수 있을 뿐이다. 그런 이론들의 체계는 전통문법, 기술문법, 생성문법이라는 흐름으로 나타났다. 전통문법은 전통언어학이라고도 한다. '문법'이 '언어학'으로 치환되는 것이다. 마찬가지로 기술언어학, 생성언어학이라고도 부를 수 있다.

  가장 오래된 역사를 가진 게, 이름에서 바로 드러나듯, 전통문법이다. 가르치기 위한 학교문법이며, 그래서 규범적인 성격을 지닌 규범문법이고, 이렇게 하면 되고 저렇게 하면 안 된다는 처방문법이다. 전통문법에서는 문법을 쓰는 문법가의 권위가 절대적이다. 문법가는 한국어는 이렇다고 주장하며, 질 높은 한국어와 그렇지 못한 한국어를 구분한다. 한국어 지식은 문법가가 기술한 책 속에 있다. 그래서 문법을 던질 수도 있다.

  실용적인 목적에 주관성이 매우 강한 전통문법은 그래서 과학으로서의 언어학이 되지 못한다. 기술문법의 단계에 들어서야 객관성이 중요해지며 실용성에서 떠나 언어 자체를 위한 언어의 연구가 추구된다. 기술문법은 유럽의 구조문법이 미국으로 건너가 얻은 이름이다. 소쉬르(Ferdinand de Saussure, 1857~1913)가 유럽에서 구조문법을 시작하고 블룸필드(Leonard Bloomfield, 1887~1949)가 미국에서 기술문법을 꽃피웠다. 구조문법의 구조주의가 20세기를 구조주의 시대로 물들였다.

  전통문법은 한국어 지식이 문법 책 속에 있다고 본다. 기술문법은 한국어 지식이 한국 사회에 있다고 본다. 공기가 눈에 보이지 않지만 삶에 필수적인 것처럼, 언어는 눈에 보이지 않지만 그것 없이는 사회생활이 불가능하다. 한국어를 배우려는 외국인은 전통문법에 따르면 한국어 문법책을 사서 보면 된다. 그러나 기술문법에 따르면 외국인은 한국에 와서 한국 사회 속에 파묻혀야 비로소 온전히 한국어를 배울 수 있다.

기술문법이 한국어나 영어와 같은 개별언어의 기술을 추구한다면, 생성문법은 인류의 언어가 사실은 단 하나의 보편문법에서 연유한다고 본다. 20세기 중반 촘스키(Noam Chomsky, 1928~)에 의해 시작된 생성문법은 한국어 지식이 한국인의 뇌와 정신에 있다고 본다. 전통문법이 책을 통해, 기술문법이 한국 사회에 들어와 사는 것을 통해 외국인이 한국어를 배울 수 있다고 본 반면, 생성문법은 외국인이 절대로 한국어를 한국 사람처럼 배울 수는 없다고 본다.

언어라는 사과를 놓고 그린 세 가지 그림. 전통문법, 기술문법, 생성문법. 달라도 정말 다르다. 당신은 어떤 사과 그림을 채택하고 있는가? 현재 한국어교육에서 기본적으로 취하고 있는 입장은 전통문법이다. 그래서 한국어 교재가 학교마다 다르고 서로 제 교재가 제일 좋다고 주장한다. 한국어는 1급부터 6급까지 단계별로 수준이 나뉘어 가르쳐져야 한다고 본다. 기술문법이나 생성문법에서는 있을 수 없는 설명과 태도이다.

기술문법에서 한국어는 문법가마다 기술하는 내용이 달라질 수 없다. 제대로 된 방법론을 가지고 제대로만 연구한다면 모든 문법가가 단 하나의 한국어 문법 이론에 도달하게 된다. 아직 그러지 못하는 건 제대로 된 이론적 도구가 마련되지 못해서일 뿐이다. 생성문법에서는 한국어라는 것이 본질적인 가치를 지니지 못한다. 한 사람이 여러 얼굴 모습을 지니듯, 한국어는 단 하나로 존재하는 인류언어의 변이형 중 하나다.

언어를 대상으로 이렇듯 세 개의 주요 입장이 존재한다. 과학으로 인정받지 못하는 전통문법이 가장 널리 퍼져 있고 그다음이 기술문법, 가장 드물게는 생성문법이 알려져 있다. 나는 이 세 가지 입장 모두에 반대한다. 세 가지 시각 모두 동일성의 철학에 바탕을 두고 있기 때문이다. 20세기의 철학은 동일성의 철학이 어떻게 인류를 잘못된 길로 인도했는지 고발하는 동시에 차이의 철학에 주목했다. 언어학은 아직 눈뜨지 않았다.

언어학은 아직 동일성의 철학에 갇혀 있다. 그래서 진짜 언어가 무엇인지, 그래서 진짜 언어학은 무엇이 되어야 하는지 아직 모르고 있는 것 같다. 이 같은 나의 문제의식은, 우리는 아직 사유가 무엇인지도 모르고 있고 그래서 제대로 된 철학을 아직 시작도 못 해 보았다는 하이데거(Martin Heidegger, 1889~1976)의 일갈과도 성격상 일맥상통한다. 새로운 언어를 발견한 나는 이제 그것을 위한 새로운 언어학을 준비하고 있다. 네 번째 시각의 등장이다.

🍎 **생각해 보기** 💬

- 글쓴이가 말하는 네 번째 시각은 앞의 세 가지 시각과 어떻게 다른가?

- 같은 현실도 이론에 따라 매우 다르게 그려진다는 걸 보여 주는 또 다른 예를 든다면?

스승과 제자

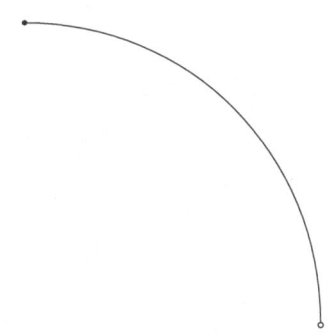

　청출어람(靑出於藍)은 흔히 스승보다 나은 제자를 두고 하는 말이다. 인자한 선생님과 그 앞의 공손한 학생. 가르치고 배우는 관계에서 더할 나위 없어 보이는 덕목이다. 그러나 그런 아름다운 모습 이면에는 스승과 제자의 고뇌와 좌절이 있다.

　학부에 처음 들어가서 느꼈던 것은 막막함이다. 학기마다 많게는 일곱 과목에 이르는 강의를 매주 수강하러 가면서, 세상에는 참으로 다양한 학문과 그 갈래가 있고 그 배움에는 끝이 없을 것만 같았다. 더욱이, 도수 높은 안경 너머 고고한 눈빛으로 지식의 화수분을 선보이는 교수님들 앞에서 인간적인 좌절마저 느끼기 일쑤였다. 언제쯤 나는 저분들의 뒤를 따라잡을 수 있을까? 과연 그 뒤꿈치라도 좇을 수는 있는 것일까? 나에게 주어진 것이란 그저 늘 뒤따라가는 삶일 뿐이란 말인가?

그러다가 어느 순간, 제자가 늘 스승을 뒤따르기만 하는 것이라면 과연 학문의 발전은 어떻게 이루어질 수 있는 것인가 하는 의문이 들게 되었다. 스승은 늘 앞서가고 제자는 늘 그 뒤를 따라가는 것이라면, 결코 제자가 스승보다 앞설 수는 없을 것이며, 제자가 할 수 있는 일이란 기껏해야 스승의 가르침을 제대로 익혀 후대에 전승하는 것일 뿐이다. 만약 그것이 사실이라면, 지금 우리가 배우고 있는 지식은 고대 시대의 그것을 결코 넘어서는 것일 수 없어야 한다. 그러나 그것은 현실과 다르다.

시간이 흐르면서 사물에 대한 이해는 더욱 깊어지고 폭넓어진다. 그것은 단순히 시간이 흘러서가 아니다. 앞 세대가 물려준 것에 뒤 세대가 무언가를 덧보탰기 때문이다. 스승이 이루어 놓은 성취에 제자가 또 다른 벽돌 한 장을 더 쌓아 올린 때문이다. 제자가 스승의 발자취만 좇거나 그것에 머무른다면, 길 위에 남아 있는 것은 오로지 스승이 걸어간 발자국일 뿐이다. 스승이 앞서 걸어간 길을 조금은 다르게 걷거나 스승이 멈춰선 발자국 너머 아무도 밟지 않은 눈길을 뚜벅뚜벅 걸어가는 건 제자의 몫이다.

제자가 스승의 발걸음을 넘어설 때 앎은 더욱 깊어지고 학문은 더욱 발전한다. 그러나 그 순간 간과할 수 없는 것은 스승이 직면할 수밖에 없는 인간적인 고뇌이다. 자신의 발걸음이 둔해지고 그것이 조만간 멈추어질 수밖에 없음을 직감하는 순간, 제자의 힘찬 발걸음은 어느새 자신의 옆을 지나 이미 자신의 앞으로 옮겨지고 있다. 추월당한다는 것, 그것도 누군가를 이끌다가 이젠 그에게 이끌림을 당한다는 것은 결코 유쾌한 경험일 수 없다. 그래야만 하고, 또 그럴 수밖에 없지만, 그로 인해 자신이 뒤안길에 남겨지게 되는 것, 그것이 스승이 감당할 수밖에 없는 인간적 고뇌다.

학문의 길에서 그 초반부에 제자가 좌절을 느낀다면 스승은 그 후반부에 고뇌에 빠지게 된다. 그러나 그 누구도 제자였다가 스승이 된다. 따라서 학문의 길에 들어선 그 누구도 초반부의 좌절과 후반부의 고뇌를 모두 겪게 되는 것이다. 그렇다면 그것이 오히려 우리에게 위로가 되지는 않을까? 나는 누군가의 제자였고 그 뒤에 누군가의 스승이 된다. 내가 제자일 때 느끼는 고통을 바라보며 격려해 주었던 스승이 있고, 내가 그러한 스승이 되었을 때 바라보며 격려해 주어야 하는 제자가 있다. 내가 성숙한 제자가 되어 가르치는 보람을 느끼게 해 드릴 스승이 필요한 것처럼, 성숙한 제자로서 나에게 보람을 선사해 줄 제자가 있어야 한다. 학문의 길에서 내가 고통을 느낄 때 누군가는 나를 위로해 주고 누군가는 나에게 보람을 안겨 준다. 나 역시 그 길에서 누군가의 보람이어야 하고 위로이어야 한다. 이제 좌절과 고뇌는 나만의 것이 아니라 학문하는 모든 이의 것이다. 그뿐만이 아니다. 좌절과 고뇌는 각각 위로와 보람과 짝하게 된다. 그리고 좌절과 위로, 고뇌와 보람이 교차하는 순간, 앎은 더욱 깊어지고 학문은 더욱 발전하게 된다. 이것이 청출어람의 안과 밖이다.

배움의 모든 길 위에 가르치는 이와 배우는 이가 있다. 가르치는 이는 곧 배우는 이이기도 하다. 그리고 그 길 위에서 좌절과 고뇌는 위로와 보람을 만난다. 그것이 청출어람이 일깨워주는 바다.

생각해 보기

- 글쓴이는, 학문의 길에서 '제자가 느끼는 좌절'과 '스승이 느끼는 고뇌'는 각각 무엇과 짝한다고 말하는가?

- 당신은 이 글에 나오는 네 가지 국면 중 어떤 것을 겪어 보았는가?

전략과 상식

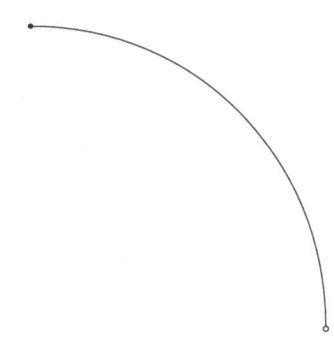

　갑자기 지도교수님께서 유학을 다녀오라고 하셨다. 용기를 내어 말씀을 드렸다. 가정 형편이 되지 않아 부모님께 도움을 받을 수가 없다고. 그랬더니 장학금 받고 다녀오라 하셨다. 부랴부랴 지원하는 곳을 찾았다.

　당시 한국학술진흥재단(지금은 한국연구재단)에서 해외 박사 후 연수를 지원해 주고 있었다. 왕복 항공료와 체재비를 인색하지 않게 주었다. 괜찮았다. 그런데 문제는 지원 그 자체였다.

　외국에 박사 후 연수를 가기 위해서는 줄잡아 6개월 정도 준비가 필요했다. 당장 외국 대학과의 접촉 때문에. 근데 주어진 시간은 1개월. 말도 안 되었다. 다행히 어느 외국 대학 교수님이 학교에 와 계셨다.

　이제 관건은 연구 계획서. 무엇을 어떻게 쓸 것인가? 무조건 되었으면 좋겠지만 경쟁률이 치열한데 무슨 수로 한 달 만에 멋진 계획서를 쓴다는 말인가? 쓰기 전에 생각부터 먼저 다듬기로 했다. 일분일초가 아쉬웠다.

행선지는 영국 런던 소재 대학. 박사 후 연수이니만큼 박사 논문 주제를 확장, 발전시킬 수 있는 곳이어야 한다. 촘스키의 생성 문법을 바탕으로 한국어를 연구했고 그 성과를 중국어 및 일본어와 대조하기로 했다.

그런데 왜 그 대학인가? 심사위원들을 납득시킬 수 있어야 했다. 그런데 심사위원들은 누굴까 생각했다. 꼭 내 전공에 맞는 분들로만 구성될까? 아닐 것 같았다. 나중에 살면서 알게 되었지만 내 생각은 적중했다.

비전공자라도 내가 왜 그곳에 가야 연구를 잘할 수 있는지부터 알 수 있도록 해야 했다. 눈 씻고 찾아보니 다행히 그곳 언어학과에 생성문법으로 중국어, 일본어 그리고 한국어까지 다루고 있는 분들이 계셨다.

그것으로 연구 계획서가 시작되었다. 그러고는 연구 주제를 어떻게 수행할 것인지 마치 수학 공식처럼 흐름도를 작성하여 단계별로 예, 아니요 형식으로 정리했다. 그대로 따라 읽으면 결과로 이어지게 만들었다.

중간중간에 그동안 내가 한 직간접적인 연구 성과들을 각주로 넣으며 성실하고 유망한 연구자란 인상을 심었다. 거짓은 없었다.

조리 있는 편집만 가세했을 뿐. 예상되는 파급 효과의 집필까지 마무리했다.

시간을 쥐어짜서 겨우 마친 게 신청 마지막 날 마감 1시간 전. 인터넷에 들어가 접속을 하고 온라인 신청서를 채우기 시작했다. 이런! 예상치 못한 입력 사항들이 줄줄이 나왔다. 정말 당황스러웠다. 시간이 부족했다.

시간은 점점 줄어드는데 입력할 사항들은 줄어들 기미가 보이지 않았다. '아까 화장실에 가지 말 걸.' 스스로를 다그치며 '마무리!', '마무리!'를 속으로 외치면서 자판을 두드렸다. 십 분, 구 분, 팔 분, 칠 분, 육 분, 오 분, …

1분 남기고 마쳤다. '왜 꼭 이렇게 살아야 하나!' 탄식이 흘렀다. 그러면서도 마음속엔 '나라면 이런 계획서 지원해 줄 것 같은데.' 하는 생각이 들었다. 후회는 없었다. 한 달 만에 유학을 다 다녀온 것만 같았다.

지원을 마치고 계절은 흘러 가을이 되었다. 지방에서 강의 마치고 지친 몸으로 서울 올라오는 고속버스에서 전화를 받았다. 그해 전국 응시자 중 뽑힌 사람은 백사십오 명. 내 전공에서는 나 하나 뿐이었다.

스물네 페이지짜리 그 연구 계획서는 그 후 박사 후 연수를 준비하는 몇 사람에게 참고가 되었고 다행히 좋은 결실들을 맺게 해 주었다. 주요 전략은 비전공자도 잘 이해할 수 있도록 쉽고 명확하고 간결하게 작성하는 것.

전공에 대한 글을 비전공자도 알기 쉽게 써야 한다는 것은 허를 찌르는 생각이었다. 다들 어떻게 하면 자신의 연구 계획서가 가장 전문적이고 수준 높게 보일까 고심했겠지만 나는 그와 정반대로 전략을 수립했다.

강의 맡는 것도 비슷하다. 다들 박사 받고 나면 제 전공 강의를 하고 싶어 하는데 내 생각은 달랐다. 나와 친한 분은 전공이 나랑 같을 것이고 그렇다면 그분들은 나에게 내 전공의 과목을 맡기지 않을 것이라 생각했다.

그런 생각은 실제로 적중했다. 내가 처음 맡았던 과목들은 내 전공이랑 사뭇 달랐다. 그러니 대학원 다닐 때 전공 외 과목들도 열심히 공부해 두어야 하는 것이다. 안 그러면 나중에 쩔쩔매거나 아예 받지도 못하니까.

교수 임용에서도 마찬가지다. 특히 2차 전공 심사 때 재직 교수님들 앞에서 하는 시범 강의가 그렇다. 문법론 전공을 뽑는 곳에는 문법론 전공 교수가 없다. 따라서 전공 외 교수님들을 이해시킬 만한 시강을 해야 한다.

이런 얘기를 지도학생이나 박사 받은 이들과 만날 때 자주 한다. 그런데 얼마나 이해하는지는 모르겠다. 삶에는 전략이, 허를 찌르는 생각이 필요하다. 그런 생각이 건전한 상식에서 나온다는 게 진짜 비밀일 것이다.

💬 **생각해 보기** 💬

- 글쓴이는 허를 찌르는 생각이 어디에서 나온다고 보는가?

- 살면서 당신이 직접 구사하거나 남이 보여 준 전략 가운데 정말 멋진 건 무엇이었나?

부정과 발전

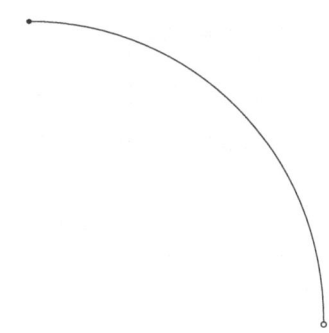

생각이 바뀌어서는 안 된다는 생각이 바뀌기란 쉽지 않다.

평소 존경하던 교수님께서는 그날 국어학의 역사 수업에서 외래 이론의 유입을 다루셨다. 그러다가 촘스키(Noam Chomsky, 1928~)에 이르러서는 그가 이론을 자주 바꾼다며 당신은 그래서 그를 더 이상 따를 수 없다고 하셨다.

촘스키를 비판했던 그분은 학기 초반에 E.H. 카(Edward Hallett Carr, 1892~1982)의 『역사란 무엇인가』를 소개하셨다. 역사란 과거와 현재의 끊임없는 대화. 간명하고 인상적인 글귀는 학부 수강생들의 마음을 사로잡았다.

방학이 되자 용기를 내어 그 책을 샀다. 책에서는 한 사람이 세 권의 책을 내었는데 그것들이 서로 다른 입장을 취한다면 그것은 한 사람이 세 권을 쓴 게 아니라 세 사람이 각각 한 권씩 쓴 것으로 봐야 한다고 했다.

입장이 다르면 비록 같은 사람이 썼어도 다른 책이라는 것. 국어학의 역사를 강의하신 교수님은 카의 관점에서 언어학사를 바라봐야 한다고 하시면서도 촘스키의 입장 변화에는 불만을 쏟아내신 것이다. 모순이었다.

서양 현대철학을 분석철학과 비분석철학으로 양분하기도 한다. 비트겐슈타인(Ludwig Wittgenstein, 1889~1951)은 분석철학을 대표하는 사람이다. 그의 초기 이론을 그림이론, 후기 이론을 게임이론이라 부르는데 놀랍게도 후자는 전자의 철저한 비판이다.

무의식의 발견으로 마음의 새 장을 연 프로이트(Sigmund Freud, 1856~1939) 역시 나이가 들면서 자신의 앞선 시기에 이룬 것들을 스스로 비판하고 다른 주장을 전개하였다. 제자들은 이에 대해 강력히 반발하였다.

촘스키는 1965년 표준이론을 내놓은 후 그것을 확대표준이론, 수정확대표준이론 등으로 계속 수정해 나간다. 그러나 제자들은 표준이론을 고수하며 스승의 이론 수정에 격렬히 반대한다. MIT를 중심으로 미국 전역에서 촘스키의 해석의미론과 제자들의 생성의미론이 다투었다. 전쟁에서 살아남은 것은 촘스키였다.

학문의 발전에서 새로운 이론은 낡은 이론을 대체한다. 새로운 이론은 낡은 이론을 포괄하고 넘어선다. 새 이론은 옛 이론이 푼 문제를 모두 풀고 나서 아직 풀지 못한 문제조차 해결한다.

나 역시 2002년에 세상에 새롭게 선보인 이론을 2007년에 부정하고 다른 방안으로 대체했다가, 2013년 다시 그것을 거의 폐기 수준으로까지 변모시켜 내놓은 적이 있다. 2007년은 2002년을 포괄하고, 2013년은 2007년을 자신의 진부분집합으로 가진다. 이론의 부피는 작아지고 설명력은 극대화되었다.

가끔 한 학기 대학원 수업 교재로 쓰이는 그 논문들에 대해 학생들은 그럴듯해 보이는 앞선 두 개의 주장들을 왜 버렸냐고 나를 힐난하기도 한다. 그들은 자기 부정을 통한 생각의 발전에 익숙지 않은 것이다.

칼 포퍼(Karl Raimund Popper, 1902~1994)는 '반증 가능성'(falsifiability)을 이야기하며 우리가 참이라고 믿는 이론은 다만 그것이 틀렸다는 것이 증명되기 전까지만 유효한 것일 뿐이라 설파했다. 그의 말이 맞는다면 우리는 계속 힘써 노력하는 수밖에 없다.

내가 품은 생각의 약점을 가장 잘 아는 이도 나다. 일신우일신(日新又日新). 생각은 자기 부정을 통해 계속 극복되어야 한다.

❝ **생각해 보기** ❞

- 글쓴이는 학문 발전의 원동력이 무엇이라고 생각하는가?

- 당신은 본인이 만든 것을 스스로 부수고 새롭게 더 좋은 것으로 만든 경험이 있는가? 있다면 무엇인가?

일과 학문

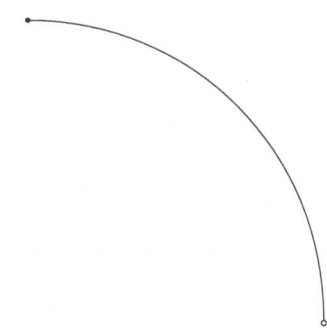

이천일 년, 사월이 되는 동안 단 한 편의 논문도 못 읽고 단 한 줄의 글도 쓰지 못했다. 죽음을 생각했다.

일주일은 고스란히 원치 않는 일로 가득 채워져 있었다. 일주일 내내 연구소 근무. 근무 후 학원 강의. 일요일 및 그 밖의 틈새 시간엔 개인 과외. 학회 총무간사로서 수시로 업무 처리. 물론 무보수.

그 자체로 숨 막히는 일정이었고 모두 내가 원치 않는 일들이었다. 내가 진정 원하는 것은 연구였다.

이천일 년 사월, 죽음을 구체적으로 생각하다 그만두었다. 뭐라도 그보다 나았다. 막노동으로 돈 벌어 술, 담배에 절어 죽는 것부터 온갖 것을 생각해 봐도 그냥 당시처럼 사는 게 그나마 제일 나은 선택인 것 같았다.

그렇다고 똑같이 계속 살 수는 없었다. 그래서 생각을 바꾸기로 했다. 일이 먼저고 연구가 나중인 현실에서, 연구가 먼저고 일이 나중인 것을 계속 꿈꾸고 있었다. 그게 문제였다. 정반대로 바꾸었다. 이제 내 인생에서 무조건 일이 먼저고 연구가 나중이라 마음먹었다.

이젠 일이 먼저기에 연구에 대한 조바심으로부터도 벗어날 수 있었다. 일이 정말 내 것처럼 느껴졌다.

일을 정말 잘해 보고 싶어 일을 연구했다. 그랬더니 양이 줄고 질이 높아졌다. 학생들의 성적이 급상승했고 연구소 업무가 줄었으며 총무간사로서 학회 교수들로부터 인정을 받게 되었다.

일의 양이 줄면서 연구 시간이 늘었다. 처음엔 하루 삼십 분이더니 나중엔 몇 시간이 되었다.

시간이 많이 드는 논문 투고는 일단 미루고 시간이 적게 드는 학회 발표에 먼저 집중했다. 첫 해에 상이한 주제로 여섯 편을 발표했다. 늘어나는 시간으로 다음 해엔 발표와 투고를 합쳐 두 배로 늘릴 수 있었다.

학술대회마다 내 이름의 발표가 있었고 학술지마다 내 이름의 논문이 빠지지 않았다.

사람들은 내가 아무 걱정 없이 오로지 연구에만 몰두할 수 있는 유복한 집 자제일 거라며 부러워하는 것 같았다. 이 년 만에 학계에 회자되었고 덕분에 박사논문 심사도 비교적 수월하게 받을 수 있었다.

  박사논문은 주요 학회의 총서로 간행되었고 국비장학생으로 뽑혀 일 년 동안 영국에서 값진 유학 생활을 하였다. 유학 덕분에 아내와 만나고 직장의 문도 열리게 되었다.

  바꿀 수 없는 세상을 원망하다 절망에 빠졌었다. 그러다 내 생각을 바꾸었더니 세상이 바뀌었다. 그렇게 바뀐 세상 속에서 다 함께 행복할 수 있는 더 멋진 세상을 꿈꾸고 있다.

생각해 보기

- 글쓴이에게 삶의 1순위와 2순위는 각각 무엇이었고, 비극은 왜 발생하였으며, 그것을 어떻게 극복할 수 있었나?

- 당신의 삶에서도 비슷한 일이 있는지, 있다면 무엇이며, 앞으로 그것을 어떻게 해결해 나갈 것인가?

학문과 육아

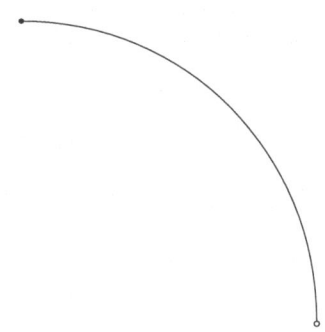

    몇 년 전 아이가 태어나고 전쟁 같은 삶이 시작되었다. 당시 1시간 30분마다 깨는 갓난아이를 아내와 교대로 보면서 이러면 정상적인 생활은 아예 불가능하겠다는 공포가 엄습해 왔다. 정신이 번쩍 들었다.

    당장 연구가 문제였다. 긴 호흡과 여유가 필요한데 잠도 제대로 못 잘 상황이었다. 내가 생각하고 꿈꾸어 오던 숱한 주제들은 다 어쩌나? 낮도 모자라 밤도 지새우며 짜 올리던 나의 생각들!

    내가 하려는 연구는 과연 누굴 위한 걸까 생각했다. 나를 위하고 타인을 위한 것. 타인이란 궁극적으로 인류로 이어진다. 하여 내 연구는 결국 인류가 한 발짝 앞으로 나아가려고 꿈틀거리는 한 몸짓이었다.

    아이를 돌보기 위해서는 어쩔 수 없이 연구를 내려놓아야 했다.

나는 납득할 만한 이유가 필요했다.

그러다가 문득 깨달았다. 나도 한 사람의 인간에 불과하다는 것을. 한 사람이 지금 다른 한 사람을 위하여 애쓰고 있다. 사실 그로써 나 하나의 사람으로서는 이미 족한 것 아닐까?

아이를 기른다는 것은 한 사람이 다른 한 사람을 위해 자신의 삶을 그만큼 내어주는 것이다. 연구를 위해 시간과 노력을 들이듯, 아이를 위해 내 몸과 정성을 기울이는 것이다.

삶은 이미 한 사람이 다른 한 사람을 위할 수 있는 기회를 그렇게 열어 두고 있었다.

이제 연구에 매달리지 않아도 좋았다. 연구를 하려는 이유와 아이를 돌보는 이유가 결국 같았기 때문이다. 사실 내 아이만 고집할 이유도 없다. 타인이라면 누가 되었든 결국 같은 것이다.

아이를 낳고 연구하는 사람으로서 가졌던 고민이 그때 풀렸다. 육아란, 나 한 사람이 인류에게 베풀 수 있는 가장 직접적이고도 위대한 일이다. 그런 위대한 일이 여전히 나에게 오늘도 이렇게 열려 있다.

❝ **생각해 보기** ❞

- 글쓴이는, 학문과 육아의 목적은 결국 같다고 여기면서도, 육아가 학문보다 더 훌륭하다고 보고 있는데 그 이유는?

- 당신은 평범한 삶이 위대하다고 생각해 본 적 있는가? 있다면 그 이유는?

맺음말
– 종강에 즈음하여 –

여러분, 이제 어느덧 종강을 해야 할 시점이 왔네요.
한 학기의 시작이 바로 엊그제 같았는데 말이죠.
이제 여러분과 수업 시간에 못다 한 이야기를
몇 가지 나누어 보고자 합니다.
편안한 마음으로 들어 주세요.

여러분과 한 학기 동안 같이 공부하면서,
공부 자체에 대해서만 이야기하고 싶지는 않았어요.
오히려, 삶에 관한 진지한 이야기도
많이 나누고 싶었어요.
그러는 과정에서 여러분의 고민이 풀리고
그래서 전보다 좀 더 행복해진 모습들을 보고 싶었습니다.
마음의 치유, 힐링!
그것은 삶에 대한 깨달음에서 옵니다.
그러한 깨달음을 얻는 데 제가 작은 도움이 되고 싶었습니다.
우리들은 끊임없이 방황하고 있습니다.

도대체 어떻게 해야 하는지, 어떻게 살아야 하고
어떻게 공부해야 하는지
막막하고 힘들 때가 한두 번이 아닙니다.
그렇지만, 여러분!
그것은 나와 여러분 모두의 문제입니다.
그러니 너무 조급하게 생각하여 포기하지 마세요.
심하게 흔들릴지라도
꿋꿋하게 계속 앞으로 나아가야 합니다.

나의 안과 밖에서 끊임없이 질문들이 쏟아져 나옵니다.
그럴 때, 모든 것을 내려놓고 조용히 들으십시오.
당장 문제가 해결되지 않더라도
우리가 노력하고 있는 한
우리는 그 해답에 조금씩 더 가까워지고 있는 것입니다.
용기를 내세요.
넘어져도 일어나 다시 도전하는 것입니다.

여러분, 삶을 살아가면서

가장 기본적이고도 중요한 것은,

내가 누구인지, 그리고

내가 원하는 것은 진정 무엇인지를 깨닫는 것입니다.

만약 그것을 깨닫게 된다면,

그것을 성취하는 것이 아무리 힘들어 보여도,

계속 추구해 나가야 합니다.

우리 모두에게는 저마다의 소명과 꿈이 있습니다.

그것을 한시라도 빨리 찾아내어

내게 주어지는 하루하루를

그것으로 가득 채울 수 있다면

얼마나 행복할까요?

여러분의 꿈이 무엇인지 정확히 찾아

실현해 나가시기를 바랍니다.

헤어짐의 순간이 점점 더 다가옵니다.

이번 학기 여러분과 함께 한 강의에서,

강의 시간만큼은, 모든 걱정과 근심을 잊고

여러분과 즐겁고 치열하게 공부해 보고자 하였습니다.

그리고

여러분은 어느 누구보다도 잘 호응해 주었고,

그것은 때로 무한한 감동으로 제게 밀려왔습니다.

우리가 이런 모습으로 이렇게 만나는 것은
이번 한 번뿐입니다.
나중에 혹시 만날 기회가 있더라도
똑같은 모습은 아닐 것입니다.
모든 만남은 일회적이고,
그래서 더욱 소중합니다.
그 헤어짐 또한 슬프고도 아름답습니다.
여러분과 함께 공부할 수 있어서 행복했습니다.
고맙습니다! 사랑합니다!

이제는 정말 헤어져야 할 시간입니다.
여러분과 함께 했던 시간들도
이젠 한 장의 사진처럼 기억 속으로 묻혀 갑니다.

글쓴이 소개

김의수 (uskim2004@naver.com)

한국외국어대학교 사범대학 한국어교육과 교수. 생성문법의 시각에서 문장의 구조, 어휘부와 통사부에 존재하는 불확정성을 탐구하였고, 한국어 문장 분석을 위한 해석문법 이론을 창안하여 국어교육과 한국어교육, 통번역 등에서의 응용언어학적 연구를 수행하고 있으며, 최근에는 언어에 대한 철학적 연구에도 관심을 기울이고 있음. 고려대학교 국어국문학과 및 동 대학원에서 학사, 석사, 박사를 마치고, 영국 런던대학교 SOAS에서 국비장학생으로 박사 후 연수를 함. 고려대와 한국외대에서 세 차례 최고의 강의 평가(2006, 2018, 2020)를 받았고, 동숭학술논문상(2011)과 학범 박승빈 국어학상(2023)을 수상함. 저서로는 『한국어의 격과 의미역』(2006), 『문법 연구의 방법 모색』(2007), 『언어의 다섯 가지 부문 연구』(2016), 『문법 연구의 주제 탐색』(2017), 『해석문법의 이론과 실제』(2017), 『언어단위와 인지체계의 불확정성』(2021), 『문장 분석』(2023), 『질문하는 언어학』(2024) 등이 있음. 우리어문학회 총무이사, 한국외국어대학교 한국학센터장 및 한국어문화교육원장을 지냄.